RÉSONANC

Collection dirigée par Étier

Étude sur

BAUDELAIRE

LES FLEURS DU MAL

par Marie-Gabrielle SLAMA

Agrégée de Lettres modernes

ellipses

Dans la même collection

Programme Premières 97/98
• Étude sur *Électre* de Giraudoux, par O. Got.
• Étude sur les *Fables* de La Fontaine, par P. Caglar.
• Étude sur *Les Confessions* de Rousseau, par D. Dumas.

Programme Terminales 97/98
• Étude sur *La vie est un songe* de Calderón, par A. et C. Horcajo.
• Étude sur *Lancelot ou le Chevalier de la Charrette* de Chrétien de Troyes, par V. Boulhol.
• Étude sur *Éthiopiques* de Senghor, par A.-M. Urbanik-Rizk.
• Étude sur *La Chute* de Camus, par Jean-François Authier.

RÉSONANCES MÉTHODIQUES
• Enrichir son vocabulaire. Jeux et leçons de style (2des, Premières, Terminales), par J. Lambert.
Épreuves anticipées de français
• Le premier sujet : étude d'un texte argumentatif, par H. Marguliew.
• Le deuxième sujet : commentaire littéraire ou étude littéraire, par M. Bilon et H. Marguliew.
• Le troisième sujet : la dissertation littéraire, par P. Collet et O. Got.
• L'oral de l'épreuve anticipée de français (lecture méthodique, entretien), par P. Sultan.
Épreuves de Terminales
• Méthodologies de l'épreuve de Lettres des Terminales L et ES, par V. Boulhol.

RÉSONANCES HORS-PROGRAMME
• Étude sur *Les Mouches* de Sartre, par A. Beretta.
• Étude sur *Manon Lescaut* de l'Abbé Prévost, par P. Caglar.
• Étude sur *L'Amant* de Duras, par D. Denes.
• Étude sur *Amphitryon 38* de Giraudoux, par A. Faucheux.
• Étude sur *Sylvie, Aurélia* de Nerval, par M. Faure.
• Étude sur *Les Mains sales* de Sartre, par J. Labesse.
• Étude sur *Antigone* d'Anouilh, par M.-F. Minaud.
• Étude sur *La Machine infernale* de Cocteau, par D. Odier.
• Étude sur *La Confession d'un enfant du siècle* de Musset, par D. Pernot.

ISBN 2-7298-9796-8

© ellipses / édition marketing S.A., 1997
32 rue Bargue, Paris (15e).

PRÉFACE

Dans *Mon Cœur mis à nu* (43), Baudelaire affirme :

Toute forme créée, même par l'homme, est immortelle.

Il semble que cet aphorisme s'applique aux *Fleurs du Mal*, qui bénéficient de cette immortalité accordée seulement aux grandes œuvres d'art. Baudelaire est, avec Victor Hugo, le poète le plus célèbre du XIXᵉ siècle. Ironie favorable du sort, lorsqu'on songe à son existence obscure, privée de toute reconnaissance, et aux humiliations qu'il dut subir en tant que poète. Aujourd'hui, *Les Fleurs du Mal* sont unanimement encensées, si bien que leur étude est devenue — presque — obligatoire pour les futurs bacheliers. Baudelaire fait donc partie de cette famille d'auteurs incontournables ; ses poèmes sont de tous les manuels, de toutes les anthologies. Mais il ne se contente pas d'être entré au panthéon des grands hommes de lettres. Il est aussi parmi les poètes les plus admirés de ses pairs, revendiqué comme un père spirituel, initiateur d'une lignée, fondateur de la modernité.

Les Fleurs du Mal sont de prime abord plus faciles à lire que les *Illuminations* de Rimbaud ou les poèmes de Mallarmé. La forme est fixe, régulière, sans surprise. Or, de ce classicisme jaillit une modernité audacieuse, arrogante, provocatrice, qui opère une véritable révolution esthétique. Depuis Baudelaire, la poésie évoque tous les sujets, ne connaît plus de tabous et surtout « glorifie le culte des images » en faisant de la bizarrerie et de la mélancolie des ingrédients du beau. Ces cent vingt six poèmes qui représentent à peine une centaine de pages congédient tous les canons antérieurs pour créer de nouveaux repères, dont l'influence se fait encore sentir aujourd'hui.

Lire *Les Fleurs du Mal*, c'est donc aborder une œuvre extrêmement fertile et complexe, dont le sens ne s'épuise jamais, car l'esthétique baudelairienne est fondée sur l'ambivalence et la multiplicité des interprétations. Mais peut-être faut-il retenir seulement de ces courts poèmes le plaisir de se laisser bercer par leur rythme, bouleverser par leurs images insolites ? Espérons que ce bonheur de lecture donnera envie, à ceux qui ne la connaissent pas encore, de découvrir l'œuvre en prose de Baudelaire, profondément originale, elle aussi.

INTRODUCTION

LES FLEURS DU MAL, POINT FOCAL DE L'ŒUVRE DE BAUDELAIRE

Contrairement à une idée reçue, Baudelaire n'est pas, comme Rimbaud ou Lautréamont, l'homme d'une seule œuvre. Il a fait preuve dans son activité littéraire d'un grand éclectisme* et s'est essayé à tous les genres, avec certes plus de bonheur pour la poésie et la critique d'art que pour le théâtre. Il n'est pas non plus Victor Hugo et ne manifeste pas cette boulimie* de textes du grand auteur romantique. **Son œuvre se caractérise néanmoins par la diversité.** Il faut donc renoncer au mythe du poète paresseux, entretenu par les fragments de *Fusées* et de *Mon Cœur mis à nu*. Si l'on rassemble tous ses articles de critique d'art, ses poèmes en prose et son œuvre poétique, on parvient à une somme plus qu'honorable. Cependant *Les Fleurs du Mal* occupent dans cet ensemble une place centrale, indétrônable.

Baudelaire lui-même a accordé **une importance capitale à son recueil.** Pendant plus de vingt ans, il en a composé les pièces, ne cessant de les rectifier, de les réorganiser. Les premiers poèmes datent en effet des années 1840, tandis que les derniers ont été écrits afin de compléter la seconde édition de 1861. Cette dernière propose trente-cinq poèmes nouveaux, dont la section des *Tableaux parisiens*, et modifie l'ordre de tout le recueil. C'est dire si Baudelaire était préoccupé par l'équilibre de ce volume.

Contrairement aux *Illuminations* de Rimbaud, *Les Fleurs du Mal* sont le fruit d'une lente gestation, le résultat d'un labeur douloureux, lent et difficile, le produit de toute une vie vouée à la littérature. Il semble donc évident et juste que Baudelaire soit considéré avant tout comme le poète des *Fleurs du Mal*, qui est certainement un des recueils les plus aboutis de la poésie française. Lorsque le poète désigne, dans ses projets de préface, cette œuvre comme un « livre essentiellement inutile », un « petit livre », un « produit discordant de la *Muse des derniers jours* », il faut y voir d'abord une preuve de modestie mais aussi une pique ironique destinée à ses détracteurs. Il est rare qu'un poète consacre vingt ans de sa vie à une centaine de poèmes. Mais cet effort n'a-t-il pas été amplement récompensé par l'accueil posthume et unanime qu'a reçu le recueil ?

Les Fleurs du Mal, au regard de l'ensemble de l'œuvre de Baudelaire, jouent aussi le rôle d'un point focal d'où partent et où reviennent tous ses autres écrits. **Elles sont le centre de son œuvre, au sens géométrique du terme, le point autour duquel tous ses textes gravitent et s'organisent.**

Dès les années 1840, Baudelaire s'intéresse à la critique d'art et s'efforce d'en vivre en plaçant ses articles dans des journaux ou des revues. C'est ainsi que va se constituer peu à peu une abondante œuvre en prose, qui en fait un des plus grands critiques d'art de la période moderne. De ces articles, dont les plus célèbres sont les « Salons » (1845, 1846, 1859), « L'œuvre et la vie d'Eugène Delacroix » (1863) et « Le peintre de la vie moderne » (1863), se dégage une définition inédite de la modernité artistique. Or, dans ces analyses visionnaires des œuvres de Constantin Guys ou de Delacroix, on peut lire aussi une profession de foi théorique, dont *Les Fleurs du Mal* ne sont que la mise en pratique. Dans un mouvement dialectique*, l'œuvre critique de Baudelaire et sa poésie se répondent, se font constamment écho l'une l'autre.

De même, on ne peut lire les traductions qu'il a faites des contes et des écrits théoriques de Poe (1852-1855), sans y retrouver le ton et la couleur si particulières des *Fleurs du Mal*. Baudelaire traducteur et Baudelaire poète se confondent, à tel point que certains passages sont davantage des interprétations que des traductions.

La Fanfarlo, unique nouvelle parue en 1847, peut elle aussi être interprétée comme une **anticipation en prose** des *Fleurs du Mal*. Son héros, Samuel Cramer, n'est-il pas un des avatars* de la figure du poète, qui trouvera sa représentation la plus aboutie dans le recueil ? Mais ce sont surtout les thèmes de cette nouvelle qui nous ramènent à l'œuvre poétique : la double figure féminine, le tiraillement entre la fascination pour l'animalité et la soif d'idéal, la vie et la poésie. *La Fanfarlo* est donc aux *Fleurs du Mal* ce que *Jean Santeuil* est à *La Recherche du temps perdu* : un avant-goût, une prémonition, une promesse.

En revanche, les *Petits poèmes en prose*, également intitulés *Le Spleen de Paris*, sont en quelque sorte la leçon esthétique tirée des *Fleurs du Mal*. Là encore, Baudelaire accomplit un travail de longue haleine, commencé en 1855 et achevé seulement à sa mort. La première édition qui les rassemble en 1869 est d'ailleurs une édition posthume. Or ces poèmes en prose, comme leur nom l'indique, abandonnent le carcan formel des strophes et des vers. De cette nouvelle liberté, naît une prose poétique très dense, ciselée, qui propose pourtant la même esthétique que celle des *Fleurs du Mal*. Ici encore, « le beau est toujours bizarre » et élabore un univers insolite partagé entre le quotidien et le surgissement d'une réalité supérieure et déroutante. Il n'est donc point étonnant de découvrir dans ces deux recueils **une communauté de thèmes, une gémellité d'images** : Paris, le spleen, les femmes, le rôle de l'artiste, la beauté. Certaines pièces jouent même de cette ressemblance et portent le même titre dans les deux œuvres, comme « L'invitation au voyage » et « Le crépuscule du soir ».

Il faut juger aussi *Les Paradis artificiels* (1860) comme un écho à la quatrième section des *Fleurs du Mal* (*Le Vin*). Baudelaire évoque, en poésie et en prose, cette échappatoire illusoire au spleen qu'est l'ivresse et dans un cas comme dans l'autre, il en tire les conséquences métaphysiques.

Enfin, les fragments posthumes — *Fusées* et *Mon Cœur mis à nu* — ne sont pas seulement constitués d'aphorismes cyniques. On y découvre aussi çà et là des définitions esthétiques qui ne trouvent leur pleine consécration que dans *Les Fleurs du Mal*.

La première conclusion à tirer de ces liens qui unissent les différents textes de Baudelaire aux *Fleurs du Mal* est qu'il ne faut jamais considérer l'œuvre d'un artiste comme une juxtaposition de pièces isolées mais bien au contraire comme un ensemble cohérent et dynamique. Ainsi, les œuvres de Baudelaire s'appellent et se répondent et manifestent toutes une seule parole qui, grâce à des accents différents, élabore une esthétique inédite. *Les Fleurs du Mal* **sont donc la pierre de touche de toutes les recherches baudelairiennes, leur point de départ et leur aboutissement**, le centre et le cœur de son expérience littéraire et humaine.

LES FLEURS DU MAL, ŒUVRE PHARE DE LA LITTÉRATURE

Dans son recueil critique intitulé *L'Improbable et autres essais*, Yves Bonnefoy, un de nos grands poètes contemporains, inaugure ainsi le chapitre qu'il consacre à Baudelaire :

Voici le maître-livre de notre poésie : *Les Fleurs du Mal*.

Ainsi, ce petit recueil d'une bonne centaine de poèmes, qui fut composé avec tant de difficultés, qui se heurta à de si nombreux écueils, est aujourd'hui considéré comme l'une des œuvres poétiques les plus essentielles de ces cent cinquante dernières années.

La malédiction n'a donc pas poursuivi Baudelaire au-delà du tombeau. Rarement, une œuvre aussi méconnue du vivant de son auteur aura reçu **un accueil posthume aussi chaleureux et unanime**. À la mort de Baudelaire en 1867, peu nombreux sont pourtant ceux qui sont convaincus du génie du poète. Certes, Gautier, Hugo, Flaubert et Barbey d'Aurevilly* ne se sont pas mépris sur la valeur des *Fleurs du Mal*. Baudelaire est également reconnu et encensé dans les cercles poétiques de l'époque. Mais cette aura est encore confidentielle, car les critiques et le public sont loin de partager cette opinion. Certains prédisent une existence éphémère au recueil et n'y voient qu'un phénomène de mode ; la plupart l'ignorent. Pourtant Rimbaud, Laforgue*, Verlaine et Mallarmé vont instituer, à juste titre, Baudelaire comme le père de la modernité. Leurs œuvres lui rendent un hommage prodigieux. Mais il faut attendre les débuts du XXe siècle pour que Baudelaire devienne l'objet de grands travaux universitaires et soit enfin reconnu par la critique et le monde des lettres dans son ensemble. En 1924, Paul Valéry, dans *Variété II*, consacre *Les Fleurs du Mal* comme l'œuvre phare de la poésie moderne :

> Je puis donc dire que s'il est, parmi nos poètes, des poètes plus grands et plus puissamment doués que Baudelaire, il n'en est point de plus important.

Cette importance se mesure à l'aune de la postérité de Baudelaire, père de la modernité. Sa place est si déterminante dans l'histoire de la littérature que les anthologies et les ouvrages d'histoire littéraire lui consacrent un chapitre isolé. Car Baudelaire ne fait partie d'aucune des chapelles littéraires de son époque. **Ni romantique, ni adepte de l'art pour l'art, ni symboliste, il est pourtant tout cela à la fois et bien plus encore.** Baudelaire est un auteur atypique et fondateur. Son influence rayonne encore près d'un siècle et demi après la parution des *Fleurs du Mal*.

La place du recueil dans l'histoire de la littérature est aussi une place charnière, car Baudelaire est le poète qui signe la mort du classicisme et annonce l'âge d'or de la modernité. Entre passé et avenir, sa situation est donc ambivalente. Il enterre l'éloquence et révèle au grand jour cette modernité qu'il n'a cessé d'analyser dans ses écrits esthétiques et dont il a finalement trouvé la clef dans sa poésie.

Baudelaire doit en effet beaucoup au classicisme : sa formation, sa culture, ses goûts littéraires sont surtout classiques. Or le classicisme de sa poésie est un classicisme formel, qui consacre dans *Les Fleurs du Mal* le triomphe du sonnet et de l'alexandrin. Contrairement à Rimbaud, Baudelaire ne cherche pas à faire table rase du passé ; bien au contraire, il en fait le terreau de sa poésie. Mais ce respect du passé n'en ferait pas le poète le plus important de son siècle, s'il n'était aussi l'inventeur d'une nouveauté essentielle en poésie. **Nouveauté de ton, de sujet et surtout d'esthétique.** Car **Baudelaire renouvelle la conception du beau poétique**, en annihilant la frontière entre sujets bas et nobles, comme en témoigne ce vers du « Cygne » (89) :

> Tout pour moi devient allégorie

Cette esthétique est également inédite car elle se fonde sur le Mal, sujet poétique par excellence et critère du beau, ainsi définis dans les projets de préface aux *Fleurs du Mal* :

> Des poètes illustres s'étaient partagé depuis longtemps les provinces les plus fleuries du domaine poétique. Il m'a paru plaisant, et d'autant plus agréable que la tâche était plus difficile, d'extraire la beauté du Mal.

Et ce mal, Baudelaire le découvre en lui-même. Cette introspection perpétuelle et sans complaisance, **cette exploration des profondeurs de la conscience est ce qui fonde la modernité poétique de Baudelaire**. La nouveauté de cette esthétique ne réside donc pas tant dans le choix du mal comme « province poétique » mais dans la découverte que ce mal gît à l'intérieur de l'être. Baudelaire occupe donc une place charnière dans l'histoire de la littérature car il fonde une nouvelle conception du beau en poésie. Baudelaire est enfin le premier des modernes car il fait de l'insolite la clef de voûte du quotidien. Fondateur du fantastique moderne, il transfigure la réalité et fait apparaître ici ou là des visions inédites, inquiétantes, étranges. C'est dans cette alchimie entre présent et passé, entre réel et surnaturel que réside la modernité d'une poésie profondément originale.

On ne saurait énumérer les hommes de lettres qui depuis 1857 se réclament de Baudelaire, non seulement en France mais aussi dans le monde entier. On ne saurait non plus dénombrer de manière exhaustive tous les articles, tous les jugements consacrés à la centaine de poèmes des *Fleurs du Mal*. Le rayonnement d'une telle œuvre n'est-il pas dû finalement à son irréductible mystère, comme le définissait Claude Pichois dans son introduction aux *Œuvres complètes* de Baudelaire publiées dans « La biblio-thèque de la Pléiade » en 1975 ? :

> Cette énigme est la raison même de sa vie posthume. Tant d'œuvres paraissent plus modernes. La sienne n'a pas livré, ne livrera pas son dernier mot. Elle ne cesse de s'expliciter, sans jamais s'épuiser.

Gageons que ce mystère est le garant du plaisir toujours renouvelé de la lecture des *Fleurs du Mal*, œuvre maîtresse de notre poésie, point de départ de la modernité artistique.

L'ŒUVRE ET SES CONTEXTES

I. LES CONTEXTES

A. Baudelaire, poète maudit ?

a. Sous le signe du guignon

> Perdu dans ce vilain monde, coudoyé par les foules, je suis comme un homme lassé dont l'œil ne voit en arrière, dans les années profondes, que désabusement et amertume, et devant lui qu'un orage où rien de neuf n'est contenu, ni enseignement, ni douleur.

Tel est le constat amer de Baudelaire (*Fusées*, [14]) dans les dernières années de sa vie. Son existence n'a en effet guère été épargnée par les malheurs et les difficultés. **Peut-on aller jusqu'à parler de malédiction** ou, selon ses propres termes, de « guignon » ?

Baudelaire n'a que six ans, à la mort de son père en 1827. Un an plus tard, il accepte en apparence le remariage de sa mère avec le chef de bataillon Aupick. Mais, dès les années 1840, à cause du choix de vie et de carrière de Baudelaire, de violents conflits opposeront le poète à son beau-père, jusqu'à leur rupture définitive en 1845. Après avoir été interne au lycée Louis-le-Grand, dont il a été renvoyé en 1839 pour un motif obscur, Baudelaire s'inscrit à la faculté de Droit. Mais sa décision d'être homme de lettres est déjà prise. Il n'assiste à aucun cours, fréquente un milieu artiste, rencontre Sara, dite Louchette, avec qui il a une liaison. Effrayés par cette vie parisienne, sa mère et le général Aupick le persuadent de partir pour Calcutta sur le Paquebot-des-mers-du-Sud. Il ne dépasse pas l'île Maurice et rentre à Paris neuf mois plus tard, plein de bonnes résolutions. En 1842, à sa majorité, il peut enfin disposer à son gré de sa part de l'héritage paternel. Il fait alors la connaissance de celle à qui il restera lié sa vie durant, Jeanne Duval, mulâtresse et petite comédienne de théâtre. Commence aussi une phase de création poétique particulièrement fertile : il compose les premiers poèmes des futures *Fleurs du Mal*, publie des articles dans le *Corsaire-Satan*, écrit son unique nouvelle, *La Fanfarlo*. Mais en 1844 il a dilapidé près de la moitié de son patrimoine, au grand dam de sa famille qui voit d'un très mauvais œil sa vie nouvelle et sa décision d'être poète. Sa mère et le général Aupick décident alors de le pourvoir d'un conseil judiciaire, le notaire Ancelle. Baudelaire, privé de sa liberté de dépenser à sa guise, se sent à la fois humilié et trahi par cette mesure. Dès lors, il ne cessera de se battre contre les difficultés financières, accumulant les dettes, rêvant de subsides providentiels. L'année suivante, dans un accès de spleen et de détresse, il tente de se suicider. **La vie de Baudelaire est tout entière hantée par cette tentation de la mort, partagée entre des phases longues et pesantes de dépression et d'éphémères périodes où il retrouve l'espoir, rêve de gloire, d'argent, d'amour heureux et de sérénité**. La section *Spleen et Idéal* des *Fleurs du Mal*, qui établit une oscillation perpétuelle entre ces deux états de la conscience, trouve donc un fondement réel dans la vie de Baudelaire. N'affirme-t-il pas dans *Mon Cœur mis à nu* (40) :

Tout enfant, j'ai senti dans mon cœur deux sentiments contradictoires, l'horreur de la vie et l'extase de la vie.

À la fin de l'année 1845, il découvre **son double littéraire, son maître à penser, son frère d'élection, Edgar Allan Poe**. Pendant dix ans, il traduit ses œuvres de fiction et de critique, tout en composant les poèmes des *Fleurs du Mal*. Il se fait critique d'art, dans l'espoir de vivre de sa plume, en plaçant ses articles dans des revues. Mais ses talents visionnaires sont loin d'être reconnus de tous. En 1848, on le voit sur les barricades et il rêve pour un temps d'une société plus juste. Mais là encore, la désillusion succède aux espoirs les plus fous. Dans *Mon Cœur mis à nu*, il tire une leçon amère de cette période : « 1848 ne fut amusant que parce que chacun y faisait des utopies comme des châteaux en Espagne ». Le 2 décembre 1851, il participe de nouveau aux combats de rues. Mais, profondément déçu, Baudelaire méprise le Second Empire, stigmatise sa croyance forcenée au Progrès et le règne d'une bourgeoisie toute-puissante qui ne comprend rien à l'art moderne.

En 1857, paraissent enfin chez l'éditeur Poulet-Malassis *Les Fleurs du Mal*, recueil composé d'une centaine de poèmes. La malédiction s'abat presque immédiatement sur l'œuvre : Baudelaire et son éditeur sont condamnés, pour délit d'outrage à la morale publique. Pendant les années qui lui restent à vivre, le poète gardera un grand sentiment d'amertume de cette sentence injuste qui renforce chez lui le sentiment d'être incompris et mal jugé. Dès 1860, la maladie, d'origine vénérienne, vient s'ajouter à cette cohorte de malheurs. De nouveau, il songe au suicide. Pourtant, il prépare la seconde édition des *Fleurs du Mal* et s'occupe de Jeanne, sa « vieille maîtresse », malade et déchue. En 1861, il pose sa candidature à l'Académie française, mais ses espoirs d'une reconnaissance littéraire et sociale sont encore anéantis. Il a alors quarante ans et dans une lettre qu'il adresse à sa mère en février ou mars de cette année-là, il porte un regard désabusé sur son existence :

> Ah ! chère mère, est-il *encore temps* pour que *nous* soyons heureux ? Je n'ose plus y croire ; — 40 ans, un conseil judiciaire, des dettes énormes, et enfin, pire que tout, la volonté perdue, gâtée ! Qui sait si l'esprit lui-même n'est pas altéré ?

En 1863, il cède à Hetzel le droit de publication des *Fleurs du Mal*, des *Petits poèmes en prose* et de *Mon Cœur mis à nu*. Puis il abandonne à Michel Lévy, contre une somme dérisoire, la propriété de ses volumes de traduction de Poe, sa seule source régulière de revenus. À cette date, il parvient à placer dans *Le Figaro*, son article consacré à Constantin Guys, « Le peintre de la vie moderne », qui peut être considéré comme le manifeste de la modernité artistique. Il poursuit aussi la rédaction de ses petits poèmes en prose, dont la première édition complète sera malheureusement posthume. En 1864, las de la vie parisienne, il part faire une série de conférences en Belgique, mais là encore c'est l'échec. Baudelaire, aigri, malade, continue de lutter contre le « guignon » qui l'a poursuivi sa vie durant. Dans ces dernières années de son existence, infiniment découragé, acculé de dettes, il implore Dieu et les hommes et rêve d'une vie vertueuse faite seulement de travail et de prière, comme en témoignent les derniers textes pathétiques de *Mon Cœur mis à nu*. En 1866, il est frappé par une première attaque qui le paralyse à moitié. Il meurt le 31 août 1867, sans avoir jamais reçu les témoignages de reconnaissance dont il rêvait. Celui que l'on considère à juste titre comme le plus important poète du XIXe siècle s'éteint sans avoir connu ni la gloire, ni la fortune, ni l'amour. Ce n'est en effet ni avec Sara, ni avec Jeanne Duval, la mulâtresse, ni avec Marie Daubrun, la belle « aux yeux verts », ni avec Mme Sabatier, « la présidente », qu'il découvrit jamais la sérénité et le bonheur dont il peint avec tant de talent les couleurs dans « L'invitation au voyage ». Tels sont donc les jalons principaux d'une vie maudite, avide d'idéal et rongée par le spleen.

b. Malédiction du poète

Or la malédiction qui s'abattit sur son existence menaça aussi de frapper sa poésie, sous les traits du spectre de l'impuissance. Dans sa correspondance et dans les fragments de *Mon Cœur mis à nu*, Baudelaire se plaint sans cesse de ne point parvenir à travailler autant qu'il le souhaiterait. Son activité d'écrivain fut en effet menacée par de longues périodes de silence et de doute. On ne compte que deux périodes fastes et fertiles : les années 1842-1848 et 1857-1861. Le reste du temps Baudelaire **redoute par-dessus tout l'impuissance créatrice**. Dans une lettre à sa mère du 3 juin 1863, il écrit :

> l'idée folle de mon impuissance littéraire m'a tellement effrayé que je me suis précipité dans le travail...

Malheureusement cette angoisse ne joue pas toujours le rôle d'un aiguillon et souvent elle plonge le poète dans des pensées sombres et stériles. Pendant sa courte vie, Baudelaire ne va cesser de repousser cette malédiction, s'efforcer de la conjurer par tous les moyens, pour mener à bien l'œuvre qui lui tient à cœur. À ce terrible écueil, viennent s'ajouter les difficultés à se faire éditer, à placer ses articles dans des revues pour en tirer de maigres subsides. Or, la malédiction la plus tenace et effroyable, Baudelaire la découvre en lui-même : elle se nomme **spleen, guignon, mélancolie**. Son tour de force est d'en faire le sujet même de sa poésie dans *Les Fleurs du Mal* et d'exorciser le mal par l'écriture.

Dans son œuvre Baudelaire fait de la malédiction la condition même du poète. **C'est lui qui le premier forge le mythe du poète maudit**. Dans *Les Fleurs du Mal*, ce sont surtout les vingt premiers poèmes de *Spleen et Idéal* qui définissent le rôle et la fonction du poète. Or, dès les deux premiers poèmes, « Bénédiction » et « L'albatros », ce mythe est à l'œuvre. Le poète est forcément maudit, acculé sur terre à une souffrance sans remède :

> Exilé sur le sol au milieu des huées,
> Ses ailes de géant l'empêchent de marcher.
> (« L'albatros » 2, v. 15-16)

Il est le grand exilé, le banni, le paria, le maudit. Il est le cygne, « ce malheureux, mythe étrange et fatal » (« Le cygne » [89]), dépossédé, errant dans un univers hostile, qu'il ne reconnaît pas pour sien. Il est encore « un cimetière abhorré de la lune » (« Spleen » [76]), écrasé par la conscience perpétuelle de la mort. Or cette figure de poète maudit est un des plus grands mythes littéraires de la fin du XIXe siècle. Lui qui rêvait d'élaborer un poncif a donc réalisé ce fantasme. Car tous les poètes qui lui succèdent vont se réclamer de cette **lignée maudite, dont il est le père.** Déjà en 1868, Théophile Gautier, dans une étude consacrée à Baudelaire et parue en avril dans *L'Univers illustré*, reprend à son compte ce mythe littéraire pour dresser un portrait du poète :

> À quelle existence triste, précaire et misérable [se destine] celui qui s'engage dans cette voie douloureuse qu'on nomme la carrière des lettres !

Mais c'est surtout Rimbaud qui, après Baudelaire, va contribuer à donner à ce mythe de la malédiction du poète ses fondements et ses enjeux. Dans sa lettre à Paul Demeny du 15 mai 1871, il définit ainsi le poète :

> Le Poète se fait *voyant* par un long, immense et raisonné *dérèglement de tous les sens*. Toutes les formes d'amour, de souffrance, de folie ; il cherche en lui-même, il épuise en lui tous les poisons, pour n'en garder que les quintessences. Ineffable torture où il a besoin de toute la foi, de toute la force surhumaine, où il devient entre tous le grand malade, le grand criminel, le grand maudit, — et le suprême Savant !

Rimbaud, Laforgue*, Verlaine et Lautréamont sont donc tous des poètes maudits, dont le père spirituel, le grand modèle est Baudelaire. **La malédiction est donc le reflet réel d'une vie misérable et obscure, mais elle devient aussi la conséquence et la condition du génie poétique.** Dans la seconde moitié du XIXe siècle, il n'est guère possible d'être poète sans être maudit. Poésie et malédiction deviennent donc synonymes et imposent une figure nouvelle du poète, dont Baudelaire demeure l'incarnation suprême.

B. Le Second Empire et la censure

Le Second Empire (1851-1870) est l'époque du règne de Louis Napoléon Bonaparte, dit Napoléon III. Sur le plan économique, ces années marquent un prodigieux essor, accompagné de très nombreuses transformations urbaines, dont les travaux d'Hausmann qui vont bouleverser le visage de Paris. Mais le gouvernement impérial manifeste aussi un **retour à l'ordre moral.** Baudelaire, qui avait osé espérer en 1848 puis en 1851 une mutation de la société, est vite déçu. Son procès en 1857 va achever de le détourner de la sphère publique. Dans *Mon Cœur mis à nu*, il ne cesse dès lors de vitupérer un siècle qui méprise l'art au nom du progrès.

Baudelaire n'est pas le seul homme de lettres à avoir été poursuivi par le système judiciaire du Second Empire. Il faut citer un autre nom tout aussi célèbre, celui de Gustave Flaubert, lui aussi accusé par la sixième chambre correctionnelle d'avoir porté atteinte à la morale publique, dans son célébrissime roman, *Madame Bovary*. Le procès de Flaubert a lieu le 29 janvier et le 7 février, six mois avant celui de Baudelaire. Mais, à la différence du poète des *Fleurs du Mal*, Flaubert bénéficie d'appuis solides dans l'entourage de l'empereur. Il est donc acquitté mais frappé d'un sévère blâme. Il est troublant de constater que les deux œuvres majeures de la seconde moitié du XIXᵉ siècle ont été poursuivies par la justice. C'est dire si, à cette époque, le fossé entre les institutions et les artistes est grand.

Or ces lois que Baudelaire eut à subir ne sont pas le fait du Second Empire. Il s'agit en effet des lois dites *de Serre*, instituées en 1819, sous la Restauration. En voici le texte :

> Tout outrage à la morale publique et religieuse, ou aux bonnes mœurs, [...] sera puni d'un emprisonnement d'un mois à un an, et d'une amende de seize francs à cinq cents francs. (Loi du 17 mai 1819, article 8)
>
> Tout arrêt de condamnation contre les auteurs ou complices des crimes et délits commis par voie de publication, ordonnera la suppression ou la destruction des objets saisis [...] (Loi du 26 mai 1819, article 26)

Le procès des *Fleurs du Mal* participe de la malédiction baudelairienne. Baudelaire s'est en effet plus que jamais senti humilié et incompris. Pour mieux évaluer ce contexte moral et juridique si particulier, il nous faut retracer l'histoire de ce procès.

Le 25 juin 1857, le recueil est mis en vente. Quelques articles critiques paraissent dans la presse, dont celui, venimeux, de Gustave Bourdin, dans *Le Figaro* du 5 juillet. Dans sa correspondance, Baudelaire le considère comme un acte de dénonciation. Le journaliste y dénigre en effet la valeur littéraire des poèmes et y blâme leur contenu moral :

> L'odieux y coudoie l'ignoble ; le repoussant s'y allie à l'infect. Jamais on ne vit mordre et même mâcher autant de seins en si peu de pages ; jamais on n'assista à une semblable revue de démons, de fœtus, de diables, de chloroses, de chats et de vermines.

Deux jours plus tard, le 7 juillet 1857, plus ou moins contrainte et forcée, la direction générale de la Sûreté publique saisit le procureur général de l'affaire. Mais Baudelaire reprend espoir le 14 juillet, lorsque paraît dans *Le Moniteur*, journal lié au gouvernement, un article d'Edouard Thierry qui qualifie le recueil de « chef d'œuvre ». Pourtant la justice saisit les exemplaires des *Fleurs du Mal* à Alençon le 16 juillet. Alerté quelques jours auparavant par Leconte de Lisle, Baudelaire a pris soin d'en dissimuler une cinquantaine. Dès lors, il prépare sa plaidoirie. Il constitue même un dossier de presse, qui réunit quatre articles qui lui sont on ne peut plus favorables. Les auteurs en sont deux journalistes et deux hommes de lettres, Edouard Thierry, Frédéric Dulamon (*Le Présent* 28 juillet 1857), Barbey d'Aurevilly* et Asselineau*. Mais ces deux derniers ont vu leurs jugements sur le recueil refusés par la *Revue Française*. C'est dire si la censure est puissante et frappe les œuvres d'art par des moyens détournés mais pernicieux. Refuser de faire paraître des articles qui font l'éloge du recueil est certes un acte de prudence, mais aussi une condamnation à terme du livre. Baudelaire sollicite également Sainte-Beuve* qui refuse de l'aider ouvertement mais lui fait parvenir un plan de plaidoirie intitulé « Petits moyens de défense tels que je les conçois ». Il y explique comment Baudelaire a été « forcé » d'être le poète du mal, tous les autres sujets poétiques ayant déjà été pris par ses prédécesseurs. Cet argument assez faible ne sera pas d'une grande aide à Baudelaire.

Lui-même rédige des « Notes et documents pour mon avocat » dont l'intérêt aujourd'hui réside dans le fait qu'ils sont **une justification et une explication de son esthétique**. Il y reprend l'idée défendue par Barbey d'Aurevilly* selon laquelle **le livre est un tout**, dont il est aberrant de juger les pièces isolément :

> Le livre doit être jugé dans son ensemble, et alors il en ressort une terrible moralité.

Bien plus, Baudelaire y fait preuve d'une grande clairvoyance et d'une grande modernité **en distinguant la morale pratique et la morale des arts**. Il va donc à l'encontre de l'opinion dominante. Pour lui, l'œuvre d'art ne peut être jugée selon les mêmes critères que la vie et nécessite un mode d'appréciation spécifique. Dans ces notes, il évoque aussi avec amertume la censure exercée par la presse, qui a refusé les articles d'Asselineau* et de Barbey*. Quand on ajoute à cela les difficultés que Baudelaire rencontra pour placer ses poèmes et ses articles, on comprend aisément sa rancœur vis à vis du monde de la presse.

Le 20 août 1857, le procès des *Fleurs du Mal* est instruit devant la sixième chambre correctionnelle. Le juge est M. Charles Camusat Busserolles, le procureur impérial M. Pinard et l'avocat de Baudelaire et de Poulet-Malassis, M. Gustave Chaix d'Est-Ange.

Le réquisitoire de M. Pinard incrimine treize poèmes du recueil. Sont mis en cause pour délit d'outrage à la morale religieuse « Le reniement de saint Pierre », « Abel et Caïn », « Les litanies de Satan » et « Le vin de l'assassin ». Dix pièces sont en outre accusées d'atteinte à la morale publique : « Les bijoux », « *Sed non satiata* », « Le Léthé », « À celle qui est trop gaie », « Le beau navire », « À une mendiante rousse », « Lesbos », « Femmes damnées » et « Les métamorphoses du vampire ».

Aujourd'hui nous qualifierions de pudibonderie* ce dernier chef d'accusation, mais il faut prendre en compte le contexte social et spirituel extrêmement conservateur de l'époque. Pour les magistrats du second Empire, parler de nudité, de volupté, d'homosexualité dans un recueil de poésies est condamnable. **Évoquer le corps, la sexualité demeure un tabou à ne pas transgresser.** C'est pourquoi le procureur général a surtout insisté sur ce second chef d'accusation, réclamant une certaine indulgence pour le délit d'outrage à la morale religieuse. Il semble par ailleurs avoir compris avec une certaine clairvoyance l'esthétique baudelairienne, mais il accomplit néanmoins sa tâche de censeur qui est de préserver le public contre des idées, des visions jugées outrageantes, allant à l'encontre des règles d'une société extrêmement normative et répressive. C'est pourquoi *Les Fleurs du Mal* sont considérées comme un livre dangereux, qui « excite les curiosités mauvaises ».

La plaidoirie de l'avocat de Baudelaire et Poulet-Malassis est moins intéressante, dans la mesure où elle révèle beaucoup moins l'opinion de l'époque et ne fait que reprendre les arguments avancés par Baudelaire lui-même. Maître Chaix d'Est-Ange cherche d'abord à démontrer que la volonté de Baudelaire est une volonté didactique et qu'à la manière de Dante dans *L'Enfer*, il ne peint le mal que pour mieux le dénoncer. Il cite ainsi de nombreux hommes de lettres qui comme Baudelaire ont décrit le mal, mais n'ont pas été condamnés : Lamartine dans son recueil *Harmonies poétiques et religieuses* (1830), Musset, Béranger* et Gautier, pour son roman *Mademoiselle de Maupin*. Mais cet argument est assez faible et avait déjà été prévenu par le réquisitoire de M. Pinard. Enfin, la plaidoirie insiste sur la valeur des pièces en tant que parties d'un recueil et oppose aux pièces incriminées le poème « Bénédiction ». Mais là encore, l'avocat semble bien embarrassé de citer d'autres poèmes qui témoigneraient de la moralité du poète. N'est-ce pas parce qu'il se heurte ici à l'ambiguïté fondamentale du recueil, qui exalte plus souvent le mal que le bien et manifeste une fascination évidente pour le gouffre ?

Le jugement rendu n'est guère une surprise. Le délit d'outrage à la morale religieuse est abandonné, mais non pas celui d'outrage aux bonnes mœurs. La justice condamne Baudelaire pour avoir prôné « l'excitation des sens ». Six pièces sont ainsi condamnées : « Les bijoux », « Le Léthé », « À celle qui est trop gaie », « Lesbos », « Femmes damnées » et « Les métamorphoses du vampire ». Le recueil pourra donc paraître, mais amputé de ces six poèmes. Baudelaire est profondément choqué par ce jugement, qui lui fait remettre en cause l'ordre et la composition d'un recueil auquel il a tant travaillé. D'autre part, il est condamné à 300 francs d'amende, tandis que Poulet-Malassis doit lui aussi verser 100 francs. Baudelaire renonce à faire appel, mais il envoie en revanche le 6 novembre 1857 une lettre à l'impératrice, lui demandant d'intervenir pour faire supprimer cette amende. Pour le poète acculé de dettes et ne subsistant que très difficilement, cette somme à verser est en effet un fardeau supplémentaire. En 1858, l'amende est ramenée à 50 francs.

En dépit du procès, certaines éditions complètes des *Fleurs du Mal* continuent de circuler clandestinement. Dès 1866, Poulet-Malassis publie à Bruxelles les pièces condamnées sous le titre *Les Épaves*. Il sera poursuivi, mais sa condamnation demeurera sans effet. Puis en 1868 et 1874, *Les Épaves* sont réimprimées sans que la justice intervienne. Mais il faudra attendre 1949 pour que Baudelaire et ses éditeurs soient enfin réhabilités.

Ce procès des *Fleurs du Mal* a le mérite d'éclairer notre point de vue sur l'état d'esprit de l'époque. Car toutes les périodes de notre histoire ont connu la censure et dans la seconde moitié du XXᵉ siècle, plusieurs livres, qui nous semblent aujourd'hui inoffensifs, ont également été condamnés. Or la censure révèle les tabous d'une époque et le Second Empire est une période particulièrement répressive du point de vue de la morale.

Ce procès inaugure pour Baudelaire une période de crise et de remise en question. Pendant les dix ans qui lui restent à vivre, il ne cesse de revenir sur cette humiliation, cette preuve d'incompréhension. Ainsi, la troisième édition des *Fleurs du Mal* de 1868, s'ouvre sur un sonnet intitulé « Épigraphe pour un livre condamné », qui est à la fois une mise en garde et une ultime provocation :

> Lecteur paisible et bucolique,
> Sobre et naïf homme de bien,
> Jette ce livre saturnien,
> Orgiaque et mélancolique.

Loin de jeter le livre, les générations suivantes vont s'y plonger avec délectation et en faire un des recueils les plus célébrés de notre poésie.

C. Le contexte littéraire et poétique

Les années 1850 marquent un tournant dans l'histoire de la poésie, caractérisé par **l'essoufflement du romantisme et la naissance du *Parnasse contemporain***. Ainsi Baudelaire est à la fois le contemporain de Victor Hugo et de Leconte de Lisle. Il leur rend d'ailleurs hommage dans des articles élogieux parus en 1861 dans la *Revue fantaisiste* sous le titre « Réflexions sur quelques-uns de mes contemporains ».

Le mouvement romantique naît dans les années 1820, connaît son âge d'or dans la décennie suivante et règne en maître jusqu'en 1850. Il est tout d'abord une réaction contre le classicisme et sa rhétorique figée. **Les romantiques exaltent une poésie du moi, du cœur, de la sensibilité, parfois jusqu'à l'outrance**, et cultivent les images, métaphores et comparaisons. Chateaubriand (1768-1848) est considéré comme le père du romantisme ; pour la génération de 1820, il est un modèle à imiter, celui qui donne à la fois son acte de naissance et ses lettres de noblesse à cette nouvelle littérature. Ses œuvres principales sont *Le Génie du christianisme* (1802), *René* (1802), *Les Natchez* (1800-1826) sans oublier les *Mémoires d'outre-tombe*, qui paraissent de manière posthume en 1850. Mais cette grande figure littéraire, admirée par Baudelaire, dépasse, comme Hugo, le cadre du romantisme.

Chronologiquement, Lamartine est le premier des poètes romantiques, grâce aux *Méditations poétiques* qui paraissent en 1820. De ce petit livre, son auteur écrit à juste titre qu'il exalte « les fibres mêmes du cœur de l'homme, touchées et émues par les innombrables frissons de l'âme et de la nature ». Il inaugure ainsi une poésie du cœur et du sentiment, qui fait du moi le sujet privilégié de la parole.

Mais le premier romantique, par son rôle, son importance est bien entendu Victor Hugo (1802-1885). Touche-à-tout de génie, il s'est consacré à tous les genres littéraires. Dès 1822, dans son recueil poétique intitulé

Odes, il affirme que la poésie doit être le lieu de convergence du monde et du moi. Puis se succèdent les *Ballades* (1826) et les *Orientales* (1829). En 1827, la préface de *Cromwell*, « drame romantique », apparaît comme le manifeste du mouvement. Hugo en est donc le chef de file, la figure de proue, celui qui lui donne son impulsion et son dynamisme. Il fonde des cercles littéraires, dont le plus célèbre, le *Cénacle*, rassemble dès 1827 et pendant trois ans les figures majeures du romantisme. C'est dans l'appartement de Victor Hugo, rue Notre-Dame-des-Champs, que se réunissent alors Musset, Vigny et Sainte-Beuve, pour débattre des grandes thèses de cette esthétique nouvelle. Parmi les membres de ce *Cénacle*, on compte aussi les romanciers Prosper Mérimée et Honoré de Balzac. En 1840, Hugo écrit *Les rayons et les ombres*, que Baudelaire, alors étudiant, lit avec ferveur et admiration. Après 1850, l'œuvre de Hugo est la seule à incarner ce mouvement devenu moribond. Se succèdent alors ses plus grands recueils de poésie : *Les Châtiments* (1853), *Les Contemplations* (1856), *Le Légende des siècles* (1859).

On ne peut parler du mouvement romantique sans citer également Musset (1810-1857) et Vigny (1797-1863). Le premier, enfant prodige de la littérature, s'essaie à tous les genres littéraires : le roman avec *La Confession d'un enfant du siècle* (1836), la poésie avec *Les Nuits* (1835-1837), le théâtre avec *Lorenzaccio* (1834). Musset, poète de la douleur, est davantage reconnu pour son œuvre théâtrale que pour sa poésie. Quant à Vigny, chantre de l'incertitude et de la désillusion, il est célèbre pour ses *Poésies antiques et modernes* (1822-1829) et son drame en prose, *Chatterton* (1835).

Mais le romantisme ne se ramène pas seulement à ces grandes figures. Il faut citer également des écrivains comme Sainte-Beuve* et Pétrus Borel, contemporains de Baudelaire et qui l'ont beaucoup influencé. Il admirait le premier pour son recueil *Vie, poésies et pensées de Joseph Delorme* (1829) et le second pour les bizarreries de sa poésie, même s'il le qualifie dans « Réflexions sur quelques-uns de mes contemporains » de « génie manqué, plein d'ambition et de maladresse ».

Quand Baudelaire choisit la littérature dans les années 1840, **il se trouve donc en plein mouvement romantique**. C'est ce qui a fait dire à Paul Valéry dans son article intitulé « Situation de Baudelaire » (*Variété II*) :

> Le problème de Baudelaire pouvait donc — devait donc — se poser ainsi : être un grand poète mais n'être ni Lamartine ni Hugo ni Musset.

Or Baudelaire va trouver la solution à ce problème, en étant parfaitement novateur et iconoclaste*. Il admire Chateaubriand et Hugo et son esthétique est d'abord influencée par le romantisme. **Mais il s'en démarque également très vite.** *Les Fleurs du Mal* sont certes un recueil qui exalte le moi, mais Baudelaire récuse les effusions lyriques, le sentimentalisme exacerbé. De plus, en glorifiant l'artifice et en conspuant la nature, il prend le contrepied du romantisme.

Il est un autre génie littéraire, généralement considéré comme romantique, mais précurseur en réalité des modernes : Gérard de Nerval. C'est certainement une des figures qui a le plus marqué Baudelaire, un des premiers poètes maudits. Dans les années 1850, il compose plusieurs œuvres qui font la part belle au rêve et à l'imagination : *Petits Châteaux de Bohême* (1853), *Sylvie* (1853), *Les Filles du feu* (1854), *Les Chimères* (1854) et *Aurélia* (1855). Miné par la maladie mentale, Nerval met fin à ses jours en 1855. Sa prose poétique aux accents oniriques*, qui célèbre la mémoire et l'imagination, annonce *Les Fleurs du Mal*.

Baudelaire n'est pas seulement le contemporain du romantisme, il l'est aussi du *Parnasse contemporain*. Ce mouvement doit son nom à trois recueils successifs de poésie, publiés par l'éditeur Alphonse Lemerre en 1866, 1871 et 1876. Or, l'on trouve dans ces recueils des poèmes de Baudelaire, de Verlaine et de Mallarmé. Mais il faut surtout citer Théophile Gautier, Théodore de Banville, Leconte de Lisle, José-Maria de Hérédia, Catulle Mendès et Sully Prudhomme. Dans l'histoire littéraire, chaque mouvement nouveau se constitue par réaction à ses prédécesseurs : ainsi, **les défenseurs du Parnasse**, quoique issus de familles littéraires diverses, **ont en commun leur réaction aux excès du romantisme.** Ils prônent une **poésie moins personnelle, moins subjective**, débarrassée des épanchements lyriques parfois outranciers de Lamartine, Vigny ou Musset. Leurs recherches les amènent à privilégier la **perfection formelle**. Ils pratiquent le culte de *l'art pour l'art*, défendu par celui qu'ils considèrent comme leur maître à penser, Théophile Gautier (1811-1872). Ce dernier, à la fois poète et romancier, d'abord romantique puis parnassien, est l'auteur des *Jeunes-France* (1833), de *La Comédie de la mort* (1838), *Mademoiselle Maupin* (1835-1836), *Émaux et Camées* (1852). Or, si Baudelaire est un fervent admirateur des *Jeunes-France* et de la période romantique de Gautier, il se désintéresse du recueil *Émaux et Camées*, qui fait de la perfection formelle le but suprême. Pourtant, *Les Fleurs du Mal* s'ouvrent sur cette dédicace :

Au poète impeccable
Au parfait magicien ès lettres françaises
À mon très cher et très vénéré
maître et ami
THÉOPHILE GAUTIER
Avec les sentiments
de la plus profonde humilité
Je dédie
CES FLEURS MALADIVES

Baudelaire se détourne assez rapidement du Parnasse, car il comprend que la poésie est amenée à se scléroser si elle n'associe pas à la pureté des formes l'expression du sentiment personnel. Pour mesurer ce qui le sépare de ce mouvement, il suffit de comparer son œuvre à celle de Leconte de Lisle (1819-1894), le représentant majeur du Parnasse, dont les recueils *Poèmes antiques* (1852) et *Poèmes barbares* (1862) exaltent l'impersonnalité, en choisissant de peindre des fresques historiques et culturelles. **Baudelaire a donc fait la synthèse du romantisme et du Parnasse, en créant la modernité.**

Enfin, il est une figure contemporaine de Baudelaire que nous ne saurions passer sous silence : celle d'Edgar Allan Poe (1809-1849). On connaît la fascination de Baudelaire pour ce génie anglo-saxon, dont il va traduire les œuvres pendant plus de dix ans. Le poète des *Fleurs du Mal* est surtout influencé par les textes théoriques de Poe, dont « Le principe poétique » (1849) qui prône l'autonomie du poème, le choix de la forme brève et le jaillissement de l'imagination, « reine des sensations ».

Ce panorama de la littérature des années 1830-1860 serait incomplet, si nous ne citions pas dans le domaine romanesque les deux œuvres majeures de Balzac et de Flaubert, que Baudelaire avait lues et admirait particulièrement. Mais c'est surtout le contexte poétique qui permet de percevoir à quel point Baudelaire est une figure marginale et novatrice.

II. L'ARCHITECTURE DU RECUEIL

A. Une lente gestation

Les critiques opposent souvent l'itinéraire de Baudelaire à celui de Victor Hugo, tant il est vrai que les productions des deux plus grands poètes du XIXe siècle sont éloignées. Alors que Hugo a écrit un nombre impressionnant de recueils dans sa vie, Baudelaire est l'homme d'une seule œuvre poétique, qu'il a élaborée patiemment pendant plus de vingt ans, ne cessant de la retoucher, la peaufiner, la modifier. Une fois l'idée du recueil venue, à la fin des années 1840, il s'est alors appliqué à bouleverser l'ordre des poèmes, retravaillant sans cesse la structure de l'œuvre. Dans un projet de préface que le poète avait composé en vue de la troisième édition des *Fleurs du Mal*, il rend lui-même compte de cette lente gestation :

> Offert plusieurs fois de suite à divers éditeurs qui le repoussaient avec horreur, poursuivi et mutilé en 1857, par suite d'un malentendu fort bizarre, lentement rajeuni, accru et fortifié pendant quelques années de silence, disparu de nouveau, grâce à mon insouciance, ce produit discordant de la *Muse des derniers jours*, encore avivé par quelques nouvelles touches violentes, ose affronter aujourd'hui, pour la troisième fois, le soleil de la sottise.

Malheureusement pour le poète, il mourra avant de voir publiée cette troisième édition, parue chez Michel Lévy en 1868. Mais l'itinéraire des poèmes du recueil mérite d'être retracé pour mieux apprécier ce travail de longue haleine.

Le plus ancien des *Fleurs du Mal* est « À une dame créole » (61), composée en 1841 par Baudelaire lors de son séjour à l'île Maurice. Le poème fut inspiré par son hôtesse en ces lieux, Mme Autard de Bragard et parut le 25 mai 1845 dans *L'Artiste*. On estime à une dizaine le nombre de poèmes composés avant 1845. Baudelaire écoule alors sa production sans hâte, avec plus ou moins de bonheur et ne songe en aucune manière à un recueil. À cette date, il annonce cependant comme titre global *Les Lesbiennes*. D'aucuns ont considéré ce titre comme particulièrement provocateur et se sont mépris sur ce point. En effet au XIXe siècle, le terme désigne les habitantes de Lesbos, l'île de la mer Égée, qui fut, grâce à Sappho, capitale de la poésie lyrique. Pour désigner en revanche les femmes homosexuelles, c'est le mot *tribades* qu'on emploie alors. Il ne faut donc pas comprendre ce titre comme nous le ferions aujourd'hui et les définitions du *Grand Dictionnaire Larousse du XIXᵉ siècle* sont là pour en témoigner. En 1848, Baudelaire décide d'un nouveau titre, plus mystérieux : *Les Limbes*, sous lequel paraissent onze pièces, le 9 avril 1851, dans *Le Messager de l'assemblée*. Cette fois Baudelaire choisit une perspective mystique. Dans le vocabulaire de la théologie chrétienne, les limbes sont en effet une sorte d'espace intermédiaire, le lieu où séjournent les âmes de ceux qui n'ont pas été baptisés. Mais l'année suivante, un poète obscur se saisit justement de ce titre. Baudelaire renonce de nouveau. Ce n'est donc qu'en 1855 que le titre des *Fleurs du Mal* apparaît. Il aurait été trouvé par Hyppolite Babou, journaliste et ami du poète. Mais si Baudelaire l'a finalement retenu, c'est bien parce qu'il répondait profondément à son esthétique, qui consiste à « **extraire la beauté du Mal** » (projet de préface). Il faut retenir de ce titre son caractère paradoxal, puisque le mal ne donne habituellement pas lieu à la beauté. **Ces fleurs issues de la corruption mais aussi de la souffrance sont donc une désignation métaphorique des poèmes** qui ont vu le jour, une fois la malédiction exorcisée par l'alchimie des mots. C'est l'activité poétique qui donne naissance à ces végétaux inconnus et artificiels, contre-nature. C'est donc ce titre qui apparaît en frontispice des dix-huit poèmes publiés le 1ᵉʳ juin 1855 dans la *Revue des deux mondes*. En décembre 1856, Baudelaire signe son contrat avec l'éditeur Poulet-Malassis, qu'il connaît depuis 1850. Jusque-là, il avait publié ses traductions de Poe chez Michel Levy. C'est d'ailleurs à ce dernier qu'on doit dès 1868 l'édition posthume des *Œuvres complètes* de Baudelaire. *Les Fleurs du Mal* sont mises en vente le 25 juin 1857. Elles comptent cent pièces, si l'on excepte l'avertissement liminaire « Au lecteur ». Cinquante-deux sont inédites, quarante-huit ont déjà été publiées dans des revues. L'ordre des sections est le suivant : *Spleen et Idéal, Fleurs du Mal, Révolte, Le Vin, La Mort*. Le recueil est immédiatement poursuivi. Voici donc pour l'histoire de la première édition. Mais le travail de Baudelaire ne s'arrête pas là.

Après une année peu fertile, le poète s'attelle de nouveau à la tâche en 1858 et 1859, si bien qu'en 1861, la seconde édition s'enrichit de 32 pièces. Il ne faut pas non plus oublier que six pièces ont été condamnées pour délit d'outrage aux mœurs, si bien que le nouveau recueil ne compte pas 132 poèmes, comme il se devrait, mais seulement 126. Une nouvelle section apparaît, celle des *Tableaux parisiens*, composée de dix-huit poèmes, et pour laquelle Baudelaire a modifié l'ordre du recueil.

La seconde édition des *Fleurs du Mal*, qui sert aujourd'hui de texte de référence, est donc le fruit de plus de vingt ans de travail minutieux et difficile. Rarement un recueil aussi mince de notre poésie aura été composé si lentement et avec autant d'attention. Mais la beauté et la grandeur de son esthétique ne se mesurent ni au temps nécessaire pour l'élaborer, ni au nombre de pages qui la composent.

B. Une architecture secrète

C'est à Jules Barbey d'Aurevilly*, romancier, critique et grand défenseur de Baudelaire que l'on doit cette formulation heureuse. Elle apparaît dans un article qu'il rédige en 1857 afin de défendre le poète, poursuivi pour délit d'outrage à la morale. Il écrit ainsi :

> Il ne faut pas s'y méprendre, dans le livre de M. Baudelaire, chaque poésie a, de plus que la réussite des détails ou la fortune de la pensée, une valeur très importante d'ensemble et de situation qu'il ne faut pas lui faire perdre en la détachant. Les artistes qui voient les lignes sous le luxe et l'efflorescence de la couleur percevront très bien qu'il y a ici une architecture secrète, un plan calculé par le poète, médidatif et volontaire.

En souhaitant éviter à Baudelaire une condamnation pour immoralité, Barbey a mis le doigt sur un des aspects fondamentaux de l'œuvre : son ordre, sa composition, son architecture. Cette formulation d'*architecture secrète* a d'ailleurs connu une formidable postérité chez les critiques, qui dès le début du XXe siècle, se sont attachés à en exhiber les fondations. Il faut cependant reconnaître avec Jean Pommier (*Autour de l'édition originale des « Fleurs du Mal »*, 1968) que le choix de l'adjectif « secrète » est un peu exagéré, car une lecture attentive du recueil suffit à percevoir l'agencement du livre.

Par architecture, il faut entendre **plan préétabli, organisation délibérée, souci d'ordre et de cohérence**. Le projet de Baudelaire est donc dans cette perspective comparable — toutes proportions gardées — à celui de Balzac dans *La Comédie humaine*. Ainsi ces deux grands auteurs manifestent le même souci de créer un univers organisé, loin du chaos de la réalité.

Dès les années 1850, Baudelaire apporte un soin très méticuleux à l'ordre de son recueil. C'est d'ailleurs dans ce sens qu'il plaide son procès en 1857. Il cherche à démontrer que ***Les Fleurs du Mal* sont un tout cohérent, où chaque pièce ne prend sa véritable signification que par rapport aux**

autres, de même que l'existence de chaque créature dans l'univers n'est fondée que par rapport à celle des autres. Cette volonté de structurer l'œuvre permettrait donc à l'écrivain de se faire l'égal de Dieu, de devenir un vrai démiurge*. Dans les « Notes et documents pour mon avocat », Baudelaire revendique haut et fort la cohérence du recueil et considère comme une aberration de les juger individuellement, hors-contexte :

> Le livre doit être jugé dans son ensemble, et alors il en ressort une terrible moralité.

C'est pourquoi le procès va lui sembler humiliant, car il tient pour négligeable cette architecture que Baudelaire a eu tant de peine à mettre en œuvre. Jusqu'à sa mort, il ne va cesser de revendiquer cette idée maîtresse. Voici un fragment d'une lettre, devenue célèbre, adressée en 1861 à Alfred de Vigny :

> Le seul éloge que je sollicite pour ce livre est qu'on reconnaisse qu'il n'est pas un pur album et qu'il a un commencement et une fin.

Le recueil est donc comme un roman que l'on lit selon un ordre canonique, qui permet d'en saisir la trame. C'est aussi un creuset où des voix se répondent, se répètent, se corrigent, se contredisent, pour parvenir à cette seule conclusion : **la vérité est faite de vérités multiples et contradictoires.** Les poèmes ne sont donc pas bêtement juxtaposés, ils sont disposés en vue d'un sens.

Les critiques se sont alors acharnés à trouver ce sens, dérivant parfois vers des explications trop péremptoires*, trop réductrices. Les éléments que nous allons avancer ici ne sont donc que des hypothèses de lecture.

Il faut tout d'abord remarquer que le recueil commence par « Bénédiction » (1) et s'achève par la section intitulée *La Mort.* Son ordre reproduit donc celui de l'existence humaine, de la naissance à la mort. Après le poème « Au lecteur », qui peut être considéré comme un prologue poétique, se succèdent six sections, de longueur et d'importance inégales.

La première, *Spleen et Idéal* (1-85) établit **l'écrasante domination de la double postulation** : postulation vers le ciel, l'idéal, le bonheur et postulation inverse vers l'enfer, le spleen, la détresse. La conscience du poète oscille inéluctablement entre ces deux pôles. Mais les autres sections font aussi la part belle à cette double postulation, qui est le fondement métaphysique du recueil. À l'intérieur de cette première section, il convient de distinguer plusieurs cycles, avec souplesse néanmoins, pour ne pas tomber dans le carcan de la systématisation. Ainsi, les premiers poèmes (pièces

1-11 et 17-21) insistent surtout sur le **rôle et la fonction du poète,** exilé, incompris et promis pourtant à des félicités sans pareilles. Ensuite se succèdent **les cycles féminins** : celui de Jeanne Duval (pièces 22 à 39 ou 40), celui de Mme Sabatier (pièces 41 à 48), celui de Marie Daubrun (pièces 49 à 57 ou 58). Mais là encore, il faut faire preuve de nuances et considérer ces indications plutôt comme des repères. Il faut aussi citer le **cycle des « Spleen »** (pièces 75 à 78), ces quatre poèmes magistraux qui portent le même titre et décrivent tous un état de profond abattement de la conscience. Cette première section est donc la plus riche et la plus essentielle, elle est en quelque sorte le squelette du recueil, indispensable à son existence.

La seconde section est celle des *Tableaux parisiens* (86-103) qui fait apparaître un lieu essentiel de la poésie baudelairienne : Paris. C'est ce groupe de poèmes qui fait considérer Baudelaire comme le père de la poésie urbaine. Il y propose en effet une vision insolite et moderne de la ville, de ses bas-fonds, de son peuple laborieux. Or, *Tableaux parisiens* n'est qu'un écho, une répétition de *Spleen et Idéal*, car le poète découvre dans la ville un miroir de sa conscience écartelée. Il fait de Paris une allégorie* de son âme.

Les quatre sections suivantes peuvent apparaître comme les différentes tentatives pour échapper à cet écartèlement. Le poète croit d'abord trouver refuge dans l'ivresse, un des « paradis artificiels » ; ainsi *Le Vin* (86-103) évoque d'abord l'oubli bienfaiteur de l'alcool, avant de le condamner. Puis, c'est en s'abandonnant à la débauche qu'il croit s'évader de son existence misérable : voici une des significations de la section *Fleurs du Mal* (109-117). Mais les poèmes de cette quatrième section établissent aussi la redoutable omniprésence de la mort, tentatrice et effrayante (« Une martyre » [110], « Les deux bonnes sœurs » [112], « Un voyage à Cythère » [116]). La volonté d'échapper au spleen par les excès de la volupté est donc déjà perçue comme ridiculement illusoire. Enfin, dans un dernier sursaut (*Révolte* 118-120), le poète invective Dieu et chante la gloire de Satan. La dernière section (*La Mort* 121-126) consacre l'échec de ces échappatoires et fait de la mort la seule ressource pour découvrir la nouveauté indispensable à la poésie.

Lire ce recueil, c'est donc effectuer **un étrange voyage initiatique,** qui après tous les excès, les faux espoirs, les craintes terribles, nous conduit à une forme de sagesse moderne. C'est aussi accepter de ne jamais épuiser les interprétations, de découvrir chaque fois les poèmes avec un regard neuf.

III. ÉTUDES THÉMATIQUES

A. Tradition et modernité

Parues au tournant du XIXe siècle, *Les Fleurs du Mal* vont influencer toute la production poétique ultérieure. Une telle postérité est due à la modernité du recueil, à son caractère prophétique. Or, si Baudelaire est considéré comme **le premier des modernes, il est aussi le dernier des classiques**. *Les Fleurs du Mal*, si originales soient-elles, doivent en effet beaucoup au classicisme, qui se lit d'abord dans le choix de l'alexandrin et du sonnet. Baudelaire est donc un auteur charnière, partagé entre passé et avenir ; cette ambivalence est perceptible dans l'usage qu'il fait des figures mythologiques et littéraires mais aussi dans son lexique, hétéroclite et disparate. Enfin, la modernité de Baudelaire réside au plus profond de son œuvre, dans sa poétique et son esthétique. Elle vient tout d'abord de cette exploration obsédante de sa propre conscience, de cette expérience métaphysique qui conduit le poète à se prendre comme sujet de la poésie. Elle naît ensuite de la peinture de la ville et de ses artifices, de l'exaltation de l'univers urbain insolite. Elle dérive enfin d'un travail audacieux sur les comparaisons et les métaphores, qui annonce les tentatives ultérieures de Rimbaud ou de Mallarmé.

Une prosodie* traditionnelle

Il n'est pas besoin d'être perspicace pour constater que la prosodie* des *Fleurs du Mal* n'est guère audacieuse. Baudelaire est un versificateur certes accompli, mais très rarement novateur. Rimbaud, dans sa lettre du 15 mai 1871 à Paul Demeny, qualifie même la forme de ses poèmes de « mesquine ». Sans porter un tel jugement de valeur, il faut reconnaître que du point de vue formel, Baudelaire ne se démarque pas de la tradition. Il demeure fidèle aux « syllabes antiques » dont il exprime la nostalgie dans « La muse malade » (7). Ses vers sont le plus souvent des alexandrins, des octosyllabes, des décasyllabes. Dans tout le recueil, on ne trouve des vers impairs que dans « L'invitation au voyage » (53), « La musique » (69) et « À une mendiante rousse » (88).

De même, Baudelaire est très attaché au sonnet. Sur les 126 poèmes de l'édition de 1861, on en compte 59. Dans une lettre de 1860, le poète des *Fleurs du Mal* fait l'éloge de cette forme fixe :

> Parce que la forme est contraignante, l'idée jaillit plus intense. Tout va bien au sonnet : la bouffonnerie, la galanterie, la passion, la rêverie, la méditation philosophique.

Nul doute que l'affirmation de Poe selon laquelle la forme brève est la seule appropriée au jaillissement de l'imagination (« Le principe poétique ») n'ait trouvé un écho en lui. Dans les années 1830-1850, le sonnet est très en vogue ; les romantiques, comme les Jeunes-France*, lui font honneur. Dans l'histoire de la poésie, le sonnet aura donc connu au moins deux heures de gloire : au XVIe siècle avec la Pléiade et dans la première partie du XIXe siècle. Jules Laforgue*, dans ses *Mélanges posthumes*, attribue — à juste titre — le « préjugé du sonnet » chez Baudelaire au « contemporainage de Gautier ». Même lorsqu'il n'emploie pas de formes fixes, tels le sonnet ou le pantoum* d'« Harmonie du soir » (47), Baudelaire reste fidèle à la strophe — le plus souvent le quatrain — et au système d'alternance des rimes.

À propos de ces contraintes formelles, il a écrit un texte fort édifiant dans le *Salon de 1859* :

> Il est évident que les rhétoriques et les prosodies ne sont pas des tyrannies inventées arbitrairement, mais une collection de règles réclamées par l'organisation même de l'être spirituel. Et jamais les prosodies et les rhétoriques n'ont empêché l'originalité de se produire distinctement. Le contraire, à savoir qu'elles ont aidé à l'éclosion de l'originalité, serait infiniment plus vrai.

Faut-il voir dans ces lignes une amorce de justification ? En niant l'arbitraire du carcan formel, Baudelaire évacue ainsi toute tentative pour s'en échapper. Mais il faut reconnaître que cette analyse est admirablement appropriée, puisque *Les Fleurs du Mal*, en dépit de leur prosodie* traditionnelle, manifestent une originalité thématique et esthétique.

Entre passé et avenir

Les figures mythologiques, bibliques et littéraires sont nombreuses dans le recueil. Mais Baudelaire, à la différence de Hugo, n'en fait pas l'objet de grandes fresques. Au contraire, elles apparaissent de manière très concise, sous forme de touches impressionnistes.

Dans *Les Fleurs du Mal*, **la mythologie incarne un âge d'or révolu, un idéal perdu**. Ainsi, dans le cinquième poème de *Spleen et Idéal*, Apollon, dieu de la beauté et des arts et Cybèle, déesse de la fertilité, sont des allégories du beau antique. De même, la Cythère antique dans « Un voyage à Cythère » (116) incarne l'idéal classique de la beauté. Ces figures ont donc une valeur symbolique : leur signification doit être cherchée dans ce qu'elles représentent. Ainsi, le mythe de Sisyphe dans « Le guignon » (11) symbolise la condition de l'homme, impuissant contre les événements qui l'accablent. De même, le personnage de Don Juan dans « Don Juan aux enfers » (15) incarne le dandy, celui qui défie Dieu et refuse le repentir. Andromaque dans « Le cygne » (89) représente quant à elle l'exil, la perte et la souffrance. Enfin, Caïn dans « Abel et Caïn » (119) est l'emblème de la révolte. Or, ces figures sont souvent incluses dans des métaphores ou des comparaisons ; elles sont donc l'objet d'un travail poétique inédit. Citons seulement « Le flacon » (48) et cette métaphore originale du parfum : « Lazare odorant déchirant son suaire » (v. 18). Lazare est le symbole du retour à la vie, de même que le parfum permet le retour des impressions, c'est-à-dire la réminiscence*. L'image biblique donne lieu à une métaphore originale ; le symbole culturel et classique participe donc d'un travail moderne sur l'écriture.

Le lexique des *Fleurs du Mal* est lui aussi partagé entre passé et avenir. En effet, certains mots récurrents, tels « haine », « cieux », « gouffre », « ennuis », « remords » sont issus du lexique racinien. Étant donné sa grande culture classique, Baudelaire emploie ces mots à dessein. De plus, il se plaît à donner à certains mots leur sens classique. C'est le cas par exemple des termes « ennui » et « languir », à qui il restitue le sens qu'ils possédaient au XVIIe siècle. Il ne se prive pas non plus d'employer des archaïsmes, comme « mignard » (« Le masque » [20]) ou « souris » (« Hymne à la Beauté » [21], « Spleen » [77]). Ce jeu littéraire est poussé à son paroxysme dans « À une mendiante rousse » (88), pastiche délibéré de Ronsard, où les archaïsmes sont légion : « gueusant », « roués »,

« cothurnes », « galants », etc. Dans *La Mort Baudelaire*, John E. Jackson associe ces emplois spécifiques au classicisme baudelairien :

> *Les Fleurs du Mal* font un usage aussi constant que peu glosé de termes empruntés à un état de langue antérieur de deux ou trois siècles. Poser la question du lexique de ce recueil, c'est poser la question du classicisme, voire du baroquisme de Baudelaire — une question qui [...] n'est guère séparable du regard avec lequel Baudelaire relit et interprète la poésie qui l'a précédé...

Or, à ces archaïsmes, le poète juxtapose des néologismes liés à la modernité urbaine. Telle est la démonstration de Dominique Rincé dans *Baudelaire et la modernité poétique*, qui cite les néologismes « quinquet », « wagon », « réverbère », « bilan », « voirie » et « omnibus ». **Baudelaire cultive donc le heurt entre ces lexiques si différents, archaïque, classique et moderne**, fait naître la surprise et produit le beau. Ainsi, les vers 9-10 des « Petites vieilles » (91), qui font se rencontrer à la rime un mot classique (« iniques ») et un néologisme (« omnibus ») sont tout à fait révélateurs de cette pratique poétique :

> Ils rampent, flagellés par les bises iniques,
> Frémissant au fracas soudain des omnibus.

Le premier des modernes

Dans ses *Mélanges posthumes*, Jules Laforgue* écrit de Baudelaire : « *Le premier*, il se raconta sur un mode modéré de confessionnal et ne prit pas l'air inspiré ». Cet « air inspiré » est une pique destinée aux romantiques, qui avec outrance ont prôné une poésie du moi. Ce qui distingue Baudelaire des romantiques, c'est donc **un ton nouveau, loin de tout épanchement outrancier**. Or, Baudelaire n'avait pas comme projet de se raconter ; il souhaitait d'abord « extraire la *beauté* du Mal » (projet de préface).

Mais force est de constater que *Les Fleurs du Mal* reposent sur un examen de conscience méticuleux, qui fait de l'âme en proie au spleen et à l'idéal le sujet même de la poésie. Ainsi, la série des « Spleen » met en scène la conscience du poète ; elle en fait le but et le terme de la poésie. **Baudelaire inaugure donc une ère poétique qui fait de l'introspection l'enjeu suprême, mais refuse la sensiblerie.**

Si Baudelaire est le premier des modernes, c'est aussi parce qu'il est **le père de la poésie urbaine**. La section intitulée *Les Tableaux parisiens* fait de la ville un des principaux personnages du recueil. Il fonde ainsi une tradition à mi-chemin entre réalisme et insolite, dont Laforgue* et Apolli-naire* seront les héritiers. Baudelaire ne décrit pas un Paris monumental ou majestueux ; il est en revanche le poète des « faubourgs », des bas-fonds, des ruelles sombres, des quartiers patibulaires. Dans cette perspective, il poursuit sur le mode poétique le travail de Balzac, encore que l'auteur de *La Comédie humaine* se soit plu à peindre aussi bien le faubourg Saint-Germain que les lieux les plus sombres de la capitale. Or, la vision baude-lairienne de la ville est moderne, car elle permet d'encenser l'artifice et de décrier le naturel. C'est ce qui éloigne Baudelaire des romantiques. *Les Fleurs du Mal* sont en effet **un hymne à la ville et un pamphlet contre la nature**. La ville est célébrée car elle est un lieu anti-naturel, comme en témoignent ces vers de « Rêve parisien » (102) :

> J'avais banni de ces spectacles
> Le végétal irrégulier,
> Et, peintre fier de mon génie,
> Je savourais dans mon tableau
> L'enivrante monotonie
> Du métal, du marbre et de l'eau.

Dans « Le cygne » (89), la ville est à la fois le symbole du changement et l'allégorie universelle de la perte. Elle répond donc à la définition que Baudelaire a donnée de la modernité dans « Le peintre de la vie moderne » :

> La modernité, c'est le transitoire, le fugitif, le contingent, la moitié de l'art dont l'autre moitié est l'éternel et l'immuable.

Or la nouveauté de cette peinture urbaine réside aussi, d'un point de vue socio-économique, dans la prise en compte du peuple et de « l'ouvrier courbé qui regagne son lit » (« Le crépuscule du soir » [95] v. 10).

Enfin, la modernité de Baudelaire se lit dans son **travail sur la compa-raison et la métaphore**, qui annonce celui de Rimbaud. Dominique Rincé considère que la métaphore baudelairienne « préfigure même, ici ou là, les accouplements audacieux de la métaphore surréaliste ». Et il cite pour exemple ce vers du « Beau navire » (52) :

> Ta gorge triomphante est une belle armoire.

Ce rapprochement est insolite et audacieux ; la surprise naît de la distance qui sépare le comparé du comparant. De même, on peut citer ce vers du vingt-cinquième poème du recueil : « Tes yeux, illuminés ainsi que des boutiques... », ou cette comparaison déroutante d'« Une martyre » (110) :

« La tête [...] comme une renoncule repose. ». Jules Laforgue a estimé justement ces audaces :

> Il a le premier trouvé après toutes les hardiesses du romantisme ces comparaisons crues, qui soudain dans l'harmonie d'une période mettent en passant le pied dans le plat...

Certes ces occurrences sont assez rares, mais leur audace témoigne d'un renouvellement poétique certain.

B. Le spleen

Baudelaire n'a pas inventé le mot *spleen*, mais il lui a donné une résonance et une signification uniques. Or, le mot n'est jamais présent dans le corps des poèmes des *Fleurs du Mal*, mais il s'impose en titre (*Spleen et Idéal*, « Spleen » : poèmes 75 à 78), comme une sorte de frontispice* magistral. Emprunté à l'anglais, le terme vient du grec et désigne la rate, le siège de la bile noire, des humeurs mauvaises qui, selon la théorie d'Hippocrate*, se diffusent dans le corps et dans l'âme. On peut donc l'appréhender comme un synonyme de *mélancolie*, mais, pour Baudelaire, le spleen recouvre des réalités plus complexes qu'une simple tendance aux idées noires. On sait d'autre part la place du spleen dans la vie même du poète, hanté de manière chronique par la dépression et la tentation du suicide. Or, **le spleen est à la fois un état psychique et une condition existentielle**, celle de l'homme irrémédiablement envahi par la souffrance, une souffrance qui vient de sa conscience du Mal, mais aussi de sa conscience du temps. Heureusement, pas de spleen sans idéal ; il ne faut en effet jamais perdre de vue que pour le poète des *Fleurs du Mal*, toute vérité est fondée sur **une double postulation vers le Bien et vers le Mal**. Le spleen serait donc un mouvement vertigineux, une chute vers les profondeurs, qui répondrait de manière simultanée et paradoxale à un mouvement inverse d'envol et d'élévation.

Que faire contre l'ennui ?

Si le spleen n'est jamais nommé dans les poèmes, il possède en revanche de nombreux synonymes, dont le plus significatif est l'*ennui*. Baudelaire utilise souvent ce mot au pluriel, pour surenchérir sur cette impression de vide, **vide de la conscience, mais aussi vacuité du monde qui l'entoure**.

Mais, lorsqu'il l'emploie au singulier et avec une majuscule, le terme doit être compris dans son sens classique, racinien : l'*ennui* n'est pas un léger malaise dû à l'oisiveté, mais un état d'abattement profond et de haine de soi. Le mot vient d'ailleurs du latin *odium*, qui signifie haine. Certes, Stendhal écrivait déjà en 1820 (lettre du 4 septembre) : « Le grand mal de la vie pour moi, c'est l'ennui », mais sans doute ne comprenait-il pas ce mot avec toute la force et la violence de Baudelaire. Le spleen c'est donc l'ennui, la mélancolie (nommée une seule fois dans « Le cygne » [89]), la douleur, l'angoisse, le désespoir ou, pour être plus juste, un mélange de tous ces sentiments. Dans *La Mélancolie au miroir*, Jean Starobinski fait de ces équivalents la clef de voûte du travail poétique :

> Dire la mélancolie, sans trop prononcer le mot mélancolie : cela oblige à recourir aux synonymes, aux équivalents, aux métaphores. C'est là un défi au travail poétique. Il faut opérer des déplacements. Et d'abord dans l'ordre lexical.

L'homme est donc irrémédiablement condamné à la mélancolie, sans réel espoir d'amélioration. Les poèmes 75 à 78 — tous intitulés « Spleen » — font de l'« Angoisse atroce » (78, v. 19) un leitmotiv et les nombreuses images d'enfermement qu'ils recèlent disent combien cet état est indissociable de la condition humaine. Vouloir y échapper, n'est-ce pas alors vouloir échapper à sa condition et commettre ainsi le pire des péchés, le péché d'orgueil ? Le poète doit donc se résigner à cohabiter avec cet « ennemi » qui le mine, mais qui lui permet aussi de mettre à l'épreuve sa condition d'homme.

Or, **le spleen est intimement lié à la conscience du temps**. Cette conscience est double et paradoxale : tantôt le poète est effrayé par le temps qui passe et rend la mort plus proche, tantôt il souffre de percevoir au contraire le temps comme infini, sans terme ni exutoire*. Ce premier aspect, qui lie la conscience du temps à celle de la mort, n'est pas une invention baudelairienne ; il s'agit d'un thème classique, qui a connu ses heures de gloire en poésie au XVIe siècle, notamment grâce au plus célèbre des poètes de la Pléiade, Ronsard. Ainsi, on peut lire « Une charogne » (29) et « Remords posthume » (33) comme des versions extrêmes de « Mignonne, allons voir si la rose... » Le poète conseille à la femme d'aimer aujourd'hui, avant que la décomposition et la putréfaction ne gagnent son cadavre, car « tout craque, amour et beauté, jusqu'à ce que l'Oubli les jette dans sa hotte » (« Confession » [45]). Or, cette conscience obsédante de la mort est une des sources du spleen, et pourtant nombreux sont les vers qui disent également la fascination pour ce qui n'est plus. **Peur de la mort**, certes, **mais également attrait indicible**. (cf. III. « Études thématiques », D. « La mort »)

Mais là où Baudelaire est novateur, c'est qu'il associe à cette vision stéréotypée du temps qui passe une vision nouvelle : celle d'un temps qui s'étire indéfiniment, comme en témoigne ce vers de « *De profundis clamavi* » (30) :

> Tant l'écheveau du temps lentement se dévide.

Les différents repères temporels semblent alors supprimés et l'angoisse naît de ce temps aboli, dont on ne sait que faire, de ce non-être temporel. Encore faut-il distinguer le temps diurne du temps nocturne, plus rassurant.

Les images du gouffre

Le spleen est associé à l'image de la chute, chute dans les profondeurs insondables du monde ou de la conscience, représentées par le « tombeau », le « puits », l'« abîme » ou le « gouffre ». On connaît la fascination d'Edgar Poe pour les tourbillons, les « maelstroms », ces spirales infernales qui engloutissent l'homme. Baudelaire préfère quant à lui, excepté dans « Le tonneau de la haine » (73) où la spirale est évidente, associer la chute à un simple mouvement vertical. Il a dit son obsession du gouffre dans *Fusées* :

> Au moral comme au physique, j'ai toujours eu la sensation du gouffre, non seulement du gouffre du sommeil, mais aussi du gouffre de l'action, du rêve, du souvenir, du désir, du regret, du remords, du beau, du nombre, etc.

Son image favorite est sans doute celle de la plongée, et à ce titre « L'homme et la mer » (14) est le poème le plus évocateur. Le poète y établit en effet une équivalence métaphorique entre l'homme et la mer (« Homme, nul n'a sondé le fonds de tes abîmes »). Il s'agit donc de plonger en soi-même, de découvrir les souterrains de son être. Mais l'image de la plongée est ambivalente ; elle n'est pas toujours liée au spleen, mais parfois, comme dans « Élévation » (3), associée à un état d'extase :

> Mon esprit, tu te meus avec agilité,
> Et comme un bon nageur qui se pâme dans l'onde,
> Tu sillonnes gaiement l'immensité profonde
> Avec une indicible et mâle volupté.

De la même manière, les profondeurs ne signifient pas toujours noirceur et perte ; elles sont parfois un espace rassurant et feutré. Ne soyons point surpris de cette **ambivalence des symboles et des images**, qui est la caractéristique même de la poétique baudelairienne. Cependant, les ténèbres sont très souvent associées au gouffre et ne le rendent que plus effrayant. Enfin, l'abîme est souvent désigné comme l'Enfer, ce qui lie de manière évidente le spleen à la conscience du Mal et revêt les images de chute d'un caractère chrétien. Le thème de la descente aux Enfers est un cliché que Baudelaire reprend à son compte dans « Don Juan aux enfers » (15). Mais **son originalité consiste à intérioriser ce thème** : l'homme effectue en lui-même **sa propre descente aux Enfers**. En explorant à l'intérieur de soi les méandres creusés par le Diable, il se jette dans le gouffre de sa conscience et connaît le spleen.

Une autre image du gouffre, récurrente dans *Les Fleurs du Mal*, semble appeler tout particulièrement notre attention. Il s'agit du **regard-abîme**, dans lequel le poète plonge avec peur et délectation. Relisons par exemple « *Sed non satiata* » (26) et « Le chat » (34). Or, Jean Starobinski, dans son excellent essai consacré à Baudelaire et intitulé *Mélancolie au miroir*, a démontré à quel point le spleen est associé au miroir et au regard : « Et il n'est point de mélancolie plus profonde que celle qui s'élève face au miroir, devant l'évidence de la précarité, du manque de profondeur, et de la Vanité sans recours ».

En effet, l'iconographie classique (cf. Durer) représente le thème de la mélancolie sous les traits d'une femme au visage penché se regardant dans son miroir. Le regard, abîme de l'âme, est intimement lié à la mélancolie. Se plonger dans les yeux de la femme, vouloir s'y noyer, c'est accomplir le même mouvement de chute que celui du spleen. Mais la mélancolie n'est-elle pas la conscience de son propre abîme intérieur ?

Spleen et idéal

Spleen et idéal sont indissociables l'un de l'autre, telles les deux faces d'un même symbole. **L'idéal est un mouvement d'élévation au-dessus du monde et de soi-même**, c'est ce vers quoi tendent l'homme et le poète, c'est tout à la fois l'Espoir et le Bien. L'idéal et le spleen participent d'une **esthétique du paradoxe**, qui ne craint pas d'unir les contraires, de concilier les inconciliables, et qui fait toute la profondeur du recueil. Ce paradoxe se lit d'ailleurs dans le poème intitulé « L'idéal » (18), qui fait apparaître, en dépit de son titre et de l'attente du lecteur, de multiples images d'abîme. Mais lorsqu'on sait que pour Baudelaire, « le Beau est toujours bizarre » (« L'art romantique »), ce poème n'est que la mise en pratique de cette théorie esthétique. Dans le recueil, plusieurs poèmes font cependant la part belle à l'idéal et suggèrent un état de sérénité et d'apaisement : ce sont « Bénédiction » (1), « La vie antérieure » (12), « Parfum exotique » (22), « Le serpent qui danse » (28), « Le beau navire » (52) et « L'invitation au voyage » (53), pour ne citer que les plus importants. Alors que le spleen est lié à la durée, à un temps étiré à l'extrême, l'idéal en revanche s'associe à l'instant, instant saisi par le regard ou bien instant figé dans le passé, comme semble l'être l'enfance, qui occupe chez Baudelaire une place privilégiée. Les éclaircies sont donc fugaces et momentanées, tandis que l'obscurité possède un pouvoir durable.

D'autre part, les images du gouffre que nous avons évoquées sont très souvent accompagnées d'images d'envol : chute et élévation, ciel et mer se rencontrent sans cesse. Prenons pour exemple « Hymne à la Beauté » (21), poème construit sur un système d'antithèses qui oppose le « ciel profond » à l'« abîme », les « astres » au « gouffre noir ». Les profondeurs de la terre ou de la mer répondent donc à l'infini du ciel, car il existe **une *correspondance* secrète entre ces deux univers**, de même qu'entre la lumière et les ténèbres, le Bien et le Mal. Et le rôle du poète consiste à déchiffrer ces *correspondances*, en explorant tour à tour ou simultanément le spleen et l'idéal. Forcé de subir le spleen, parfois apaisé par l'idéal, peu importe à Baudelaire puisque telle est la voie qui mène vers l'infini, ou vers Dieu, lorsqu'il se persuade de son existence. Résignation sans doute, mais qui permet le dépassement tant attendu. N'oublions pas à ce propos les derniers vers du « Voyage » (126), ultime poème de l'édition de 1861 :

Verse-nous ton poison pour qu'il nous réconforte !
Nous voulons, tant ce feu nous brûle le cerveau,
Plonger au fond du gouffre, Enfer ou Ciel, qu'importe ?
Au fond de l'Inconnu pour trouver du nouveau !

Voilà donc le projet de cette poésie ambivalente — à l'image de la « sublime beauté » que l'on rencontre dans « Le masque » (20) — dont le tour de force consiste à maintenir la cohérence, en dépit de ce déchirement inéluctable entre spleen et idéal. C'est pourquoi Janus, le dieu romain à deux visages, aurait pu servir d'emblème à ce recueil.

C. La femme

La femme est sans conteste le personnage principal des *Fleurs du Mal*, à la fois source d'inspiration et sujet poétique privilégié. Certes, la misogynie de Baudelaire est célèbre ; elle éclate avec force dans les fragments des *Fusées* et de *Mon Cœur mis à nu*[1]. Au contraire, *Les Fleurs du Mal* ne cessent de célébrer la femme, de la peindre sous des jours différents. Ainsi la prose de Baudelaire éreinte la femme, tandis que sa poésie lui rend un prodigieux hommage. *Les Fleurs du Mal* constituent en effet un des plus grands recueils de poésie amoureuse de notre littérature. La femme y est chantée, évoquée sans relâche et avec une scrupuleuse minutie. Or il serait plus exact de parler des femmes du recueil : *Les Fleurs du Mal* réfléchissent en effet une multiplicité d'images féminines, qui se mêlent et se recomposent, pareilles à des visions kaléidoscopiques. La complexité de la figure féminine ne vient pas seulement de cette pluralité. Elle dérive aussi de l'ambivalence structurale de la femme qui pose à son tour la question de la double postulation. Faut-il donc adorer ou fuir cet être, tantôt angélique tantôt satanique ? Enfin, la femme est au confluent des enjeux esthétiques des *Fleurs du Mal* car elle est à la fois la beauté et la mort.

Les femmes

Les Fleurs du Mal ne sont pas un recueil destiné à chanter une seule femme. Baudelaire n'est ni Pétrarque* ni Dante* ; point ici de Laure ou de Béatrice. Il propose donc une multiplicité de portraits féminins, tantôt esquisses tantôt œuvres achevées. On ne peut parler de la femme sans évoquer **les trois cycles** qui composent le recueil. Chacun est consacré à une femme, une figure réelle qu'a connue le poète. **Le premier cycle**, qui va des pièces 22 à 39 ou 40, est **celui de Jeanne Duval**, la mulâtresse que Baudelaire rencontra en 1842. Jeanne fut la compagne du poète, celle dont il prit soin jusqu'à sa mort. En dépit des disputes, des trahisons et des séparations, Baudelaire demeura lié toute sa vie à cette petite figurante de théâtre, qui consuma sa vie dans les excès d'alcool. Ce cycle est constitué par les poèmes les plus sensuels du recueil, comme « Parfum exotique »

---

1. *Fusées* (5) : « Aimer les femmes intelligentes est un plaisir de pédéraste. » *Mon cœur mis à nu* (3) : « La femme est naturelle, c'est-à-dire abominable », (27) : « La femme ne sait pas séparer l'âme du corps. Elle est simpliste comme les animaux. »

(22) et « Le serpent qui danse » (28). Mais la femme n'y est pas seulement source d'extase, elle est aussi dangereuse et haïssable. **Le second cycle**, qui concerne les pièces 41 à 48, est **celui de Madame Sabatier**, surnommée « la présidente ». Apollonie Sabatier, richement entretenue par un fils de banquier, tenait une sorte de petit salon, où elle recevait artistes et hommes de lettres. C'est ainsi que Baudelaire fit sa connaissance en 1852. Il lui voua un amour idéalisé, lui envoyant anonymement lettres et poèmes. Mais cette passion, lorsqu'elle cessa d'être platonique en 1857, laissa un goût amer au poète. Ce cycle est celui de l'idéalisation, qui fait de la femme un être lumineux et consolateur. Enfin le **troisième et dernier cycle** (poèmes 49 à 57 ou 58) est **celui de Marie Daubrun**, une comédienne de théâtre rencontrée en 1847 et qui n'allait pas tarder à devenir la maîtresse de Banville*. Cette femme « aux yeux verts » incarne le fantasme de la sœur-amante, personnage ambivalent.

Autour de ces trois figures dominantes, gravitent de nombreuses figures secondaires. Il faut citer l'héroïne de « Sisina » (59), probablement inspirée par une amie de Mme Sabatier, la « mystérieuse Agathe » de « *Moesta et errabunda* » (62), la dame créole du poème éponyme* (61), la petite chanteuse des rues de « À une mendiante rousse » (88), l'évanescente silhouette évoquée par « À une passante » (93) et Mariette, la nourrice du poète à qui il rend hommage dans « La servante au grand cœur dont vous étiez jalouse... » (100). Nombreuses sont aussi les figures de femmes empruntées à la tradition littéraire ou mythologique, telles Lady Macbeth (« L'idéal » [18]) ou Andromaque (« Le cygne » [89]).

La femme n'est pas seulement femme désirée, maîtresse ou compagne. Elle est aussi, comme dans « Bénédiction » (1) la mère épouvantée d'avoir donné naissance au poète. Elle prend encore, dans « Les petites vieilles » (91) et « Le jeu » (96), l'apparence de la femme âgée, vieillie, volée par le temps de ses charmes et qui exerce pourtant sa fascination sur Baudelaire. Il met ainsi en scène les « courtisanes vieillies » et les « vieilles putains ». Enfin, la femme est la sœur, fantasme cher au poète, surtout à l'œuvre dans « L'invitation au voyage » ([53] : « Mon enfant, ma sœur... »), « Chant d'automne » (56) ou « Le vin des amants » ([108] : « Ma sœur, côte à côte nageant... »). Or cette sœur rêvée et attendue est peut-être la lesbienne, évoquée dans les « pièces condamnées ». Baudelaire avait eu un temps l'idée d'intituler son recueil *Les Lesbiennes*, parce que la lesbienne est dans son univers poétique le double féminin du dandy. Ce vers des « Femmes damnées » (111) exprime d'ailleurs cette proximité affective, cette parenté de l'âme :

> Pauvres sœurs, je vous aime autant que je vous plains.

Ces différentes évocations féminines composent un tableau hétéroclite, que Théophile Gautier* a fort bien analysé dans une étude qui parut en avril 1868 dans *L'Univers illustré* :

> Diverses figures de femmes paraissent au fond des poésies de Baudelaire, les unes voilées, les autres demi-nues, mais sans qu'on puisse leur attribuer un nom. Ce sont plutôt des types que des personnes. Elles représentent l'éternel féminin...

Ambivalence de la femme et transfiguration poétique

Outre la diversité de ses représentations, la femme est un être complexe car elles est dotée d'**attributs multiples et contradictoires.** Par un effet de miroir, **l'attrait du poète pour la femme est lui aussi ambivalent.** Il est conquis par son animalité et rêve en même temps d'un amour idéalisé, conforme au modèle néo-platonicien*. Ainsi, il faut opposer les cycles de Jeanne et de Marie, où la sensualité éclate avec violence au cycle de Mme Sabatier qui fait de la femme aimée un être céleste et désincarné. Ajoutons à ce cycle « *Franciscae meae laudes* » (60) et « La mort des amants » (121) qui participent eux aussi de cette idéalisation, que Marc Eigeldinger a analysée dans *Le Platonisme de Baudelaire* :

> Il immortalise son amante par la vertu de la poésie, il transfigure l'être charnel en un objet céleste et sacré, il le métamorphose en un corps astral.

Mais la femme n'est pas toujours cette divinité rassurante qui montre le chemin. Dans le cycle de Jeanne, elle est un être à deux visages, tantôt enchanteresse tantôt destructrice. Le plus souvent, elle est cruelle, froide, méprisante et même dévoratrice, comme dans « Le vampire » (31). Cette cruauté atteint son paroxysme dans le vingt-cinquième poème de *Spleen et Idéal* (« Tu mettrais l'univers entier dans ta ruelle... ») inspiré par Sara, dite Louchette. Le système des caractérisations obéit à un crescendo : la « femme impure », « cruelle », « en cruautés féconde » se mue en « reine des péchés » et surtout en « vil animal ». **L'abjection de cette animalité se fait d'autant plus redoutable qu'elle est fascinante.** Cette fascination trouve son point d'orgue dans le dernier vers du poème, qui juxtapose en chiasme* deux oxymores* :

> Ô fangeuse grandeur ! sublime ignominie !

Or **cette animalité est l'envers de l'idéalité** qui fait aussi de la femme un guide angélique. C'est ce rôle qui lui est dévolu dans « Le flambeau vivant » (43), où ses yeux sont un fil d'Ariane menant à la beauté :

> Me sauvant de tout piège et de tout péché grave,
> Ils conduisent mes pas dans la route du Beau [...]

Cette double tentation — vers l'animalité et l'idéalité — serait une conséquence de la double postulation, définie dans *Mon Cœur mis à nu* :

> Il y a dans l'homme, à toute heure, deux postulations simultanées, l'une vers Dieu, l'autre vers Satan. L'invocation à Dieu, ou spiritualité, est un désir de monter en grade ; celle de Satan, ou animalité, est une joie de descendre.

C'est ainsi que Marc Eigeldinger la comprend :

> *La Fanfarlo* déjà, puis *Les Fleurs du Mal* et la correspondance attestent que la passion obéit chez Baudelaire à un mouvement dialectique ou plus exactement à la double postulation de l'Aphrodite vulgaire et de l'Aphrodite céleste, à la double attraction du pôle satanique et du pôle angélique.

Cette double attraction est à l'œuvre dans le choix des blasons baudelairiens. Le blason, en vogue au XVIe siècle, est un poème consacré à une partie du corps féminin. Fidèle au néo-platonisme*, Baudelaire exalte les yeux de la femme, partie noble par excellence. Il est happé tour à tour par les « deux grands yeux noirs » de Jeanne (« *Sed non satiata* » [26]), les « yeux verts » de Marie (« Le poison » [49]) et les « Yeux pleins de lumière » de la présidente (« Le flambeau vivant » [43]). Mais il ne peut non plus s'empêcher de célébrer la chevelure, la peau, la gorge de la femme qui convient au contraire au péché.

Ainsi, la femme est à la fois source de vie et danger funeste. Elle est la mort, comme l'expriment les derniers vers du « Poison » (58) :

> Tout cela ne vaut pas le terrible prodige
> De ta salive qui mord,
> Qui plonge dans l'oubli mon âme sans remord,
> Et, charriant le vertige,
> La roule défaillante aux rives de la mort !

Mais, une fois transfigurée par la puissance créatrice de la poésie, elle est aussi pareille à « l'immortel soleil », éternelle source de vie (« L'aube spirituelle » [46]).

La femme est également haïssable parce que naturelle (*Mon Cœur mis à nu* : « La femme est *naturelle*, c'est-à-dire abominable ») et aimable par son goût pour l'artifice, par ce « *mundus muliebris* » que Baudelaire évoque dans « Le peintre de la vie moderne » et qui recouvre les parfums, les fards, les ornements.

La solution de cette ambivalence ne se trouve que dans et par la poésie. C'est grâce à l'allégorie*, procédé poétique cher à Baudelaire, que la femme devient la Beauté, perd son animalité et se métamorphose en une réalité supérieure, qui a pour nom l'absolu. Dans « La Beauté » (17), « Hymne à la Beauté » (21) et « Je te donne ces vers… » (39), trois allégories apparaissent. Elles incarnent sous des silhouettes majestueuses de femmes l'idéal poétique du beau. Cette métamorphose était annoncée par ce passage de *Fusées* (10), où Baudelaire donne la définition du Beau :

> J'ai trouvé la définition du Beau, — de mon Beau. C'est quelque chose d'ardent et de triste, quelque chose d'un peu vague, laissant carrière à la conjecture. Je vais, si l'on veut, appliquer mes idées à un objet sensible, à l'objet, par exemple, le plus intéressant dans la société, à un visage de femme.

La femme est donc l'objet privilégié de la poésie. Elle est d'ailleurs le comparant le plus fréquent des allégories* du recueil. On peut ainsi citer « Tristesses de la lune » (65), « La pipe » (68) mais il faut surtout prendre en compte les allégories* de « Danse macabre » (97), « Une martyre » (110) et « Les deux bonnes sœurs » (112). Dans ces poèmes, la figure féminine incarne la mort. La femme est donc au confluent de ces deux notions essentielles à l'esthétique baudelairienne, la mort et la beauté. Transfigurée par l'écriture, elle incarne la nouveauté tant cherchée par le poète.

D. La mort

La mort est omniprésente dans *Les Fleurs du Mal*, sans cesse évoquée, tantôt souhaitée avec force, tantôt redoutée avec angoisse. Représentée par de nombreuses allégories*, toutes empruntées à la tradition médiévale, la mort revêt pour Baudelaire des visages changeants. Étudier le thème de la mort dans ce recueil, c'est donc plonger au cœur même de l'ambiguïté baudelairienne. La mort est d'abord présente, de manière grotesque, sous la forme du cadavre grouillant de vers et exhibant l'atrocité de sa décrépitude. Au-delà de ces images choquantes mais classiques, la mort est aussi perçue comme un *any where out of the world*[1], un lieu hors du monde qui ouvrirait sur des perspectives nouvelles et pleines d'espoir. Mais elle est simulta-

---

1. Titre d'un des petits poèmes en prose du *Spleen de Paris*.

nément la cause de l'angoisse, du spleen, du doute : la mort fait-elle accéder à un monde meilleur ? Enfin, Baudelaire est certainement le premier poète du XIXe siècle à avoir fait de la mort non seulement un thème de sa poésie mais encore le fondement de toute son esthétique.

Obsession du cadavre

Le cadavre est une des figures les plus caractéristiques et récurrentes des *Fleurs du Mal*. Le vers 20 de « Danse macabre » (97) est à ce titre on ne peut plus explicite :

> Tu réponds, grand squelette, à mon goût le plus cher !

Cette figure se rencontre dans de nombreux poèmes, tels « Une charogne » (29), « Une gravure fantastique » (71), « Le mort joyeux » (72), « Le squelette laboureur » (94), « Danse macabre » (97), « Une martyre » (110) et « Un voyage à Cythère » (116). Tous ces poèmes ont en commun de présenter des allégories* de la mort sous l'apparence de cadavres et de squelettes hideux. De plus, toutes ces allégories* sont excessives, outrées, délibérément horribles, grotesquement atroces. Encore faut-il d'abord préciser que cette figure du cadavre effrayant est très en vogue dans la poésie des années 1850. À l'origine de cette mode, on trouve Théophile Gautier, dont le recueil *La Comédie de la mort*, paru en 1838, décrit de telles visions.

Or dans *Les Fleurs du Mal*, toutes ces allégories juxtaposent une foule de détails affreusement réalistes. Ainsi, dans « Un voyage à Cythère » (116), rien n'est épargné au lecteur :

> Les intestins pesants lui coulaient sur les cuisses (v. 33).

C'est l'accumulation de ces précisions qui conduit l'allégorie* vers le grotesque*. Dans ce poème, cette vision de charogne fait de la modernité le lieu même de l'horreur. Baudelaire a donc su dépasser une mode et donner à ces images une signification profonde. En effet, Cythère n'est plus, comme le veut la tradition mythologique, le berceau de Vénus, déesse de la beauté. Au contraire, Cythère devient une allégorie* de l'âme du poète, désertée par le classicisme et la beauté, envahie par l'atrocité. Certes Baudelaire cultive, comme les Jeunes-France*, un ton provocateur. Il suffit pour le comprendre de relire « Le mort joyeux » (72) ou « Une charogne » (29). Dans ce dernier poème qui connut un grand succès dans les années 1860, la description est paradoxale. La mort est certes caractérisée par la décomposition du corps, mais cette vision est en même temps grouillante de vie. Jean-Pierre Richard, dans son recueil *Poésie et Profondeur*, a parfaitement analysé ce paradoxe :

> Le lyrisme baudelairien de la putréfaction nous peint la mort comme une vie superlative et déchaînée.

On peut en effet relever dans « Une charogne » tout un champ lexical de la profusion et du dynamisme vital (« plein » v. 8, « s'épanouir » v. 14, « vivants haillons » v. 20, etc.). L'allégorie* n'est donc pas seulement la répétition d'un modèle. **Baudelaire utilise la tradition pour mieux s'en démarquer**, grâce au paradoxe.

Théophile Gautier a certes remis au goût du jour ces allégories, mais en même temps il n'a fait que réactiver une tradition médiévale, qui représente la mort sous des traits grotesques* et outrés. Ainsi, on ne peut comprendre « Danse macabre » (97), sans se référer à la fresque du même nom peinte au cimetière des Saints-Innocents à Paris en 1425. Nul doute que Baudelaire ait connu cette fresque. Il joue donc avec tout un héritage littéraire et pictural ; ces allégories de cadavres sont un clin d'œil à l'art du passé. Ainsi, « Une gravure fantastique » (71) aurait été inspiré par un dessin de Mortimer*, « Le squelette laboureur » (94) par une planche du traité anatomique de Vésale* et « Danse macabre » (97) par une statuette. Chaque fois il existe donc un précédent artistique à ces descriptions et il semble que le poète soit plus intéressé d'établir une filiation avec ces artistes que de peindre des allégories* vraiment personnelles et originales. De même, « Une martyre » (110) est un hommage à Balzac et à sa nouvelle « La fille aux yeux d'or ». Baudelaire emprunte en effet au père de *La Comédie humaine* la peinture d'un cadavre sanguinolent gisant dans un boudoir d'un raffinement extrême. Il faut donc voir dans ce groupe de poèmes qui mettent en scène des cadavres et des charognes davantage un jeu littéraire qu'une vision originale de la mort.

Ambivalence face à la mort

Au-delà de ces allégories* grotesques et du dandysme provocateur de Baudelaire, la mort est un thème crucial des *Fleurs du Mal*. On ne saurait nier son importance, sa position centrale. Or **l'attitude du poète face à la mort est ambivalente**. Tout à la fois il l'espère et la craint. John E. Jackson a judicieusement analysé cette dualité du poète dans son essai intitulé *La Mort Baudelaire* :

> Comme Dieu, la mort est une limite, soit tout ensemble un terme et une possibilité.

Ainsi, la mort est souvent perçue comme la possibilité d'un monde meilleur. Mais Baudelaire doute aussi de cet au-delà. C'est d'ailleurs ce scepticisme qui est à l'origine de l'ébranlement de sa foi chrétienne.

Or, ce que le poète redoute par-dessus tout, c'est que **la mort ne soit qu'une triste répétition de la vie**. Elle serait alors faite des mêmes souffrances et de la même monotonie. « Le squelette laboureur » (94) exprime au plus haut point cette angoisse. Ce poème décrit en effet des squelettes harassés de travail, à qui la mort n'a pas accordé le repos :

> Voulez-vous (d'un destin trop dur
> Épouvantable et clair emblème !)
> Montrer que dans la fosse même
> Le sommeil promis n'est pas sûr

Baudelaire parvient à cette conclusion terrible, qui abolit tout espoir : « tout, même la Mort, nous ment » (v. 26). Mais alors n'est-ce pas la religion qui ment aux hommes lorsqu'elle leur promet en échange d'une vie de devoirs une mort faite de quiétude éternelle ?

L'angoisse, le spleen sont donc associés à la mort, mais l'espoir l'est aussi. Ainsi, « Une charogne » (29) oppose l'atrocité de la décomposition du corps à la pérennité de l'esprit, rendue possible par la poésie. La dernière strophe du poème est un écho du premier fragment de *Mon Cœur mis à nu* :

> Ce qui est créé par l'esprit est plus vivant que la matière.

Mais peut-on en déduire avec certitude que l'esprit survivra à la mort ?

De même, la dernière section des *Fleurs du Mal*, intitulée *La Mort*, propose deux perspectives radicalement différentes, selon que l'on s'intéresse à l'édition de 1857 ou à celle de 1861. En effet, la première édition du recueil s'achève par « La mort des artistes », qui promet l'espoir et rend la mort fascinante :

> C'est que la Mort, planant comme un sommeil nouveau,
> Fera s'épanouir les fleurs de leur cerveau.

De même, « La mort des amants » et « La mort des pauvres » font de la mort un asile consolateur. John E. Jackson analyse avec justesse ces trois poèmes : « la mort ouvrirait ainsi sur une clarté qui serait à la fois celle de la connaissance et de la transparence heureuse des cœurs ».

En revanche, l'édition de 1861 s'achève par « Le rêve d'un curieux » (125) et « Le voyage » (126), qui proposent une vision bien plus pessimiste. À l'espoir bienheureux succède l'angoisse que la mort soit « sans surprise ». Le recueil s'achève alors sur cette célèbre exhortation désabusée à la mort :

> Verse-nous ton poison pour qu'il nous réconforte !
> Nous voulons, tant ce feu nous brûle le cerveau,
> Plonger au fond du gouffre, enfer ou Ciel, qu'importe ?
> Au fond de l'Inconnu pour trouver du nouveau !

Faut-il donc croire que Baudelaire ait changé d'opinion entre 1857 et 1861 ? Certainement pas car une telle explication serait trop simpliste eu égard à la complexité du recueil. En revanche, la distance qui sépare ces deux dénouements est révélatrice de l'ambivalence du poète qui simultanément espère et se décourage.

La mort fondatrice

Pourquoi le discours de Baudelaire sur la mort est-il fondateur ? En quoi va-t-il révolutionner toute une esthétique ? Telles sont les questions posées par l'essai de John E. Jackson. La réponse qu'il suggère est d'une grande pertinence car elle prend en compte les rouages mêmes de l'écriture poétique :

> … la nouveauté que Baudelaire introduit dans la tradition poétique du discours allégorique de la mort ou sur la mort, c'est que celle-ci ne surgit le plus souvent dans ses poèmes qu'en rapport explicite avec le je qui l'interpelle ou en est interpellé.

En effet, les allégories* grotesques* du recueil sont presque toutes perçues par le regard du poète. **Le « je » s'associe donc à la mort parce qu'il en est le spectateur, le voyeur.** Or cette présence du « je » obéit souvent à un crescendo. Ainsi, dans « Danse macabre » (97) et « Le squelette laboureur » (94), le pronom personnel de la première personne n'est pas immédiatement présent, mais succède à l'indéfini « on ». Cet effet de discours est encore plus perceptible dans « Une charogne » (29) et « Un voyage à Cythère » (116) qui n'ont pas seulement en commun la vision de corps décomposés et mutilés. En effet, ces deux poèmes établissent le même contraste entre le mouvement du regard et la fixité de l'objet regardé. De plus, le « je » succède au « nous ». À l'allégorie* perçue par le couple, succède la parole du poète qui tire la leçon de cette allégorie*. La mort n'est donc pas seulement l'objet d'une perception, elle constitue le cœur même du discours poétique.

Pour comprendre à quel point **la mort est fondue dans le discours poétique** de Baudelaire, il suffit de remarquer combien fréquentes sont les images — métaphores ou comparaisons — qui utilisent comme comparant la mort ou le cadavre. Ainsi, le trente-deuxième sonnet de *Spleen et Idéal* métamorphose, par le biais de la comparaison, les vivants en morts :

> Une nuit que j'étais près d'une affreuse Juive,
> Comme au long d'un cadavre un cadavre étendu.

Or, les métaphores, qui gomment le lien de comparaison, rendent encore plus flagrante cette inscription de la mort dans la parole poétique. Citons à cette fin les célèbres vers des « Spleen » :

> Je suis un cimetière abhorré de la lune,
> Où comme des remords se traînent de longs vers
> Qui s'acharnent toujours sur mes morts les plus chers.
> (« Spleen » 76, v. 8-10).

> — Et de longs corbillards, sans tambours ni musique,
> Défilent lentement dans mon âme [...]
> (« Spleen » 78, v. 17-18).

Le poète est la mort ; son identité ne se distingue plus du néant. **La mort est donc fondatrice de la poésie**. Elle est son essence, sa voix. Or le critique et poète qui a le mieux analysé cette importance fondatrice de la mort est Yves Bonnefoy dans *L'Improbable et autres essais* :

> Baudelaire a fait ce pas improbable.
> Il a nommé la mort. Et qu'était-ce que cette mort ?
> Un souci de l'esprit ? Un risque du corps, mais limitable ?
> Souvent — et depuis Baudelaire il en est ainsi — la poésie n'est que dangereuse.
> [...] Baudelaire a choisi la mort, et que la mort grandisse en lui comme une conscience, et qu'il puisse connaître par la mort.

C'est aussi par cet ancrage de la mort dans la poésie que Baudelaire peut être considéré comme le premier des modernes.

L'ŒUVRE À L'EXAMEN

LECTURES MÉTHODIQUES

A. « Je te donne ces vers... » (39)

Je te donne ces vers afin que si mon nom
Aborde heureusement aux époques lointaines,
Et fait rêver un soir les cervelles humaines,
Vaisseau favorisé par un grand aquilon,

Ta mémoire, pareille aux fables incertaines,
Fatigue le lecteur ainsi qu'un tympanon,
Et par un fraternel et mystique chaînon
Reste comme pendue à mes rimes hautaines ;

Être maudit à qui, de l'abîme profond
Jusqu'au plus haut du ciel, rien, hors moi, ne répond !
- Ô toi qui, comme une ombre à la trace éphémère,

Foules d'un pied léger et d'un regard serein
Les stupides mortels qui t'ont jugée amère,
Statue aux yeux de jais, grand ange au front d'airain !

Introduction

Ce trente-neuvième poème de l'édition de 1861 des *Fleurs du Mal* clôt le
« cycle de Jeanne », c'est-à-dire l'ensemble des poèmes inspirés par Jeanne
Duval, maîtresse et compagne durant vingt ans de Baudelaire. Ce sonnet,
paru en avril 1857 dans *La Revue française*, propose un contraste saisissant
entre le ton apaisé des deux quatrains et l'agressivité des deux tercets. De
ce heurt entre deux paroles poétiques contradictoires naît un poème original
et complexe. Le thème premier est celui du don d'immortalité : Baudelaire,
en dédiant ces vers à la femme aimée, lui garantit d'exister au-delà de sa vie
terrestre. C'est grâce à l'accueil que la postérité fera à cette œuvre que la
femme deviendra immortelle. Mais, à cette assurance tranquille succède la
violence et le doute. Baudelaire s'adresse-t-il toujours à Jeanne dans les
tercets ? N'est-ce pas plutôt une apostrophe à la Muse, à la fois ange et

démon ? Dans cette perspective, il faudra lire ce sonnet en le rapprochant de « La Beauté » (17) et « Hymne à la Beauté » (21). En faisant défiler ces différentes facettes d'un même personnage, le poète ne met-il pas en œuvre un art dynamique ?

Lecture méthodique

1. Une coloration antique

Le premier vers du sonnet inscrit le projet de Baudelaire dans une perspective d'histoire littéraire. En effet, ce poème est **une dédicace et un don**. Or, grâce à l'alchimie étrange de la poésie, ces vers transmettent l'immortalité à la femme aimée. Cette opération étrange n'est pourtant pas une invention de Baudelaire. En effet, ce thème parcourt toute la poésie de la Renaissance, de Pétrarque* à Ronsard*, en passant par Du Bellay*. Baudelaire le sait bien : **il se joue de ce passé littéraire** et se plaît même à employer un vocabulaire archaïque. Alors que le discours est dirigé vers la postérité, les « époques lointaines » (v. 2) de l'avenir, certains mots qui le composent sont empruntés aux « époques lointaines » du passé. Ainsi, la mention de l'« aquilon » au vers 4 fait songer au célèbre vers de la fable de La Fontaine, « Le chêne et le roseau » (« Tout vous est aquilon, tout me semble zéphyr ») ou au lexique de Chateaubriand. Encore peut-il s'agir ici d'une simple réminiscence ou coïncidence. En revanche, la référence aux « fables incertaines » (v. 5) ne laisse aucun doute sur les intentions de Baudelaire ; le vers 5 établit une comparaison entre le souvenir que laissera la femme (« ta mémoire ») et ces fables. La poésie permet donc aux êtres qu'elle évoque de devenir légendaires, mythiques. De plus, le mot « fables », employé de préférence à *légendes* ou *mythes*, possède une coloration antique. De même, la comparaison avec le « tympanon » (v. 6), mot d'origine grecque, est délibérément archaïque. Cet instrument de musique n'est pas choisi au hasard. Fort employé au Moyen Âge, il est tombé dans l'oubli au XIXe siècle. Sa mention témoigne donc d'une volonté archaïsante, que l'on retrouve avec le verbe « fatiguer » (v. 6). Son emploi au sens d'« importuner » n'est pas innocent. Le poète restitue au verbe son sens étymologique et latin, au détriment de son sens moderne. Enfin le dernier tercet participe lui aussi de ce jeu poétique. L'évocation des « stupides mortels « (v. 13) rappelle les récits homériques. Dans *L'Iliade* et *L'Odyssée*, les humains sont ainsi désignés, par opposition aux dieux.

L'emploi de ce mot suggère donc que l'être à qui s'adresse le poète est une déesse. Enfin, la « statue » (v. 14) évoque l'histoire, la mythologie. De même, l'emploi du mot « airain » (v. 14) — mot ancien pour désigner le bronze — renvoie de nouveau à l'univers homérique. Telle est donc **la magie de la poésie** : rendre possible le lien entre passé et avenir, souvenir et postérité.

2. Poésie, vecteur d'immortalité

Intéressons-nous aux deux premiers quatrains du poème, qui font de la poésie un vecteur d'immortalité. Remarquons tout d'abord que la construction syntaxique de ces quatrains est très complexe. Ils ne forment à eux deux qu'une seule phrase. Elle fait succéder à la proposition principale (« Je te donne ces vers ») une proposition subordonnée circonstancielle de but (« afin que […] ta mémoire… »), dans laquelle est imbriquée une proposition subordonnée hypothétique (« si mon nom… grand aquilon »). Or cette syntaxe, qui lie les propositions les unes aux autres, ne fait-elle pas songer à une suite de « chaînons » poétiques ? En outre, l'enjambement des vers 1 et 2 renforce l'idée que la poésie enjambe différentes époques, un pied dans le passé et le second déjà dans l'avenir. Le premier quatrain propose d'ailleurs une métaphore filée* d'un grand intérêt. Grâce au verbe « aborder » (v. 2) et à l'apposition métaphorique du vers 4, le poète compare sa réputation (« mon nom » v. 1) à un vaisseau. Il utilise donc un comparant spatial, alors que le comparé est d'ordre temporel : la réputation du poète qui franchit les âges sera pareille à un vaisseau qui franchirait les mers. Et quel est le but du poète ? « Faire rêver » (v. 3), et non pas enseigner une quelconque vérité. **L'essence de la poésie baudelairienne n'est donc pas didactique* mais onirique*. La poésie est mère du rêve**, grâce à la puissance d'évasion et d'évocation de l'imagination : voici un des aspects de la modernité de Baudelaire.

Le second quatrain, constitué par la subordonnée circonstancielle de but, établit le don poétique d'immortalité. Le poète, en évoquant la femme aimée, la rend immortelle. Il est alors pareil à Dieu, un vrai démiurge*. La poésie est donc d'essence sacrée, comme en témoigne l'adjectif « mystique » (v. 7). Or, nous avons dit que cette théorie est empruntée par Baudelaire aux poètes de la Renaissance. Ces derniers l'ont eux-mêmes trouvée chez Platon, qui définit l'inspiration poétique comme divine, notamment

dans *Le Banquet*[1]. L'immortalité est transmise grâce à plusieurs « chaînons » (v. 7) qui relient Dieu au poète et le poète aux hommes. Si Baudelaire ne fait pas preuve d'invention dans le thème, il innove en revanche
dans les images. Ainsi, la comparaison du vers 8 fait de la poésie un gibet
auquel est accroché le souvenir de la femme aimée. Elle introduit donc
dans ces vers apaisés une connotation macabre et violente qui annonce les
tercets.

3. « *Être maudit* »

Ainsi commence l'apostrophe des tercets, qui rendent l'interprétation du
poème moins aisée. Dans les quatrains, la destinataire du poème n'est dési-
gnée que par un pronom personnel ou un adjectif possessif : « te » (v. 1),
« ta » (v. 5). Son identité est donc très floue, même si le thème du don
d'immortalité permet de déduire qu'il s'agit de la femme aimée. Puis,
l'adjectif « fraternel » (v. 7) suggère peut-être qu'il s'agit de la figure de la
sœur, tendre compagne qui partagerait avec le poète la nostalgie de
l'enfance. On sait l'importance de cette nostalgie dans le recueil, comme en
témoignent les premiers vers de « L'invitation au voyage » (53) :

> Mon enfant, ma sœur,
> Songe à la douceur
> D'aller là-bas vivre ensemble !

Mais cette sœur se métamorphose en « être maudit » aussitôt après.
L'apostrophe n'apparaît que dans les tercets, mais elle est insistante, puisque le « ô toi » du vers 11 est une reprise du vers 9. Simultanément, Baudelaire accumule et juxtapose les périphrases qui désignent cette seconde
personne, si bien que son identité devient indécidable. La comparaison du
vers 11 renchérit d'ailleurs sur ce point, puisque les mots « ombre » et
« éphémère » composent un portrait fugace, incertain, insaisissable. La
seule certitude est que cet être abandonne peu à peu son caractère proche,
humain et mortel. En outre, le thème de la malédiction est omniprésent
dans le recueil, et il caractérise différentes figures. Il peut s'agir de la
femme, comme dans ce vers du « Vampire » (31) : « *Maudite, maudite
sois-tu !* ». **La malédiction est également ce qui caractérise le statut du
poète sur la terre,** comme l'illustre si bien « Bénédiction » (1). Qui est
donc cet « être maudit » ? Est-ce la femme ou est-ce la Muse, ou les deux à

---

1. *Le Banquet* ou *De l'amour*, dialogue de Platon composé vers l'an 384 av. J.-C., et dans lequel le
philosophe grec fait de l'amour le moteur qui incite l'homme à contempler les Idées.

la fois ? Enfin, le dernier tercet fait successivement de cet être une déesse (v. 12-13), une « statue » et un « ange » (v. 14). La statue « aux yeux de jais » (v. 14) rappelle « La Beauté » ([17] : « Je suis belle, ô mortels ! comme un rêve de pierre ») mais aussi « Hymne à la Beauté » (21), où la Muse est caractérisée par son regard « infernal et divin ». On connaît en effet la fertilité du motif du regard dans le recueil, source d'envoûtement, de chute et de séduction. Enfin, cet être, à la fois ange et démon, appartient tout à la fois au spleen et à l'idéal. Ainsi faut-il comprendre les vers 9 et 10 (« de l'abîme profond jusqu'au plus haut du ciel »), dont l'enjambement insiste sur le caractère extrême et double. La Muse ou la femme dont il est ici question accompagne donc le poète dans son mouvement contradictoire et successif de chute et d'envol. Elle rappelle l'interrogation de l'« Hymne à la Beauté » (21) : « Sors-tu du gouffre noir ou descends-tu des astres ? ». Or, peu importe la réponse, puisque cette destinataire, à l'identité mouvante et multiple, est à l'image du poète et de ses œuvres, partagée entre beauté et malédiction.

Conclusion

Voici donc un poème très riche, car il peut susciter, grâce aux tercets, de multiples interprétations. Comme dans « Harmonie du soir » (47), il est impossible de trancher sur l'identité de la personne à qui s'adresse Baudelaire et l'originalité naît justement de ce caractère indécidable. Mais ici, la richesse est d'autant plus grande, que cet être subit au fil des vers de constantes métamorphoses et fait du sonnet une entité dynamique, jamais figée. En empruntant le thème du don d'immortalité, Baudelaire s'inscrit à la suite d'une tradition culturelle, mais il parvient à redonner vie à ce lieu commun poétique.

B. « Harmonie du soir » (47)

Voici venir les temps où vibrant sur sa tige
Chaque fleur s'évapore ainsi qu'un encensoir ;
Les sons et les parfums tournent dans l'air du soir ;
Valse mélancolique et langoureux vertige !

Chaque fleur s'évapore ainsi qu'un encensoir ;
Le violon frémit comme un cœur qu'on afflige
Valse mélancolique et langoureux vertige !

Le ciel est triste et beau comme un grand reposoir.

Le violon frémit comme un cœur qu'on afflige,
Un cœur tendre, qui hait le néant vaste et noir !
Le ciel est triste et beau comme un grand reposoir ;
Le soleil s'est noyé dans son sang qui se fige.

Un cœur tendre, qui hait le néant vaste et noir,
Du passé lumineux recueille tout vestige !
Le soleil s'est noyé dans son sang qui se fige...
Ton souvenir en moi luit comme un ostensoir !

Introduction

Dans ce poème, on remarque tout d'abord une particularité formelle : le second et le dernier vers de chaque strophe deviennent le premier et le troisième vers de la strophe suivante. En effet, ce quarante-septième poème de l'édition de 1861 des *Fleurs du Mal*, appartenant à la section *Spleen et Idéal*, est un pantoum*. Il parut dans *La Revue française* le 20 avril 1857 et aurait peut-être été inspiré par Mme Sabatier. Il est permis cependant d'en douter, car l'être dont il est question dans la dernière strophe peut être tout aussi bien humain que divin. De plus, ce pantoum* partage bien des thèmes avec le sonnet qui le précède, « L'aube spirituelle » (46) : la lutte contre le gouffre et le spleen et la présence d'un être lumineux — dont l'éclat est semblable à celui du soleil — qui redonne espoir. Mais « Harmonie du soir » insiste davantage sur cet instant privilégié et serein du coucher de soleil, moment qu'affectionne tout particulièrement Baudelaire.

Il nous faudra donc lire, au-delà du carcan formel et du système des synesthésies*, ce poème comme un chant mystique* spirituel ou amoureux.

Lecture méthodique

1. Un carcan formel

Le pantoum*, comme le sonnet, n'est pas une invention baudelairienne. Victor Hugo est certainement le poète le plus illustre qui l'ait employé avant Baudelaire, dans le recueil *Les Orientales*, paru en 1829. Le pantoum* est une **forme fixe très contraignante**, qui impose de nombreuses règles au poète. Il semble avoir été très apprécié des symbolistes*, qui prisaient particulièrement ses exigences musicales. Or, « Harmonie du soir » est un poème qui fait la part belle à la musique. Elle est en effet évoquée par la « valse mélancolique » (v. 4) et le « violon qui frémit » (v. 6) et compose un air à la fois « triste et beau » (v. 8). Ceci n'est point pour nous surprendre : la musique pour Baudelaire obéit aux mêmes critères esthétiques que la littérature. Dans *Mon Cœur mis à nu* (§ 10), il déclare :

> J'ai trouvé la définition du Beau, — de mon Beau. C'est quelque chose d'ardent et de triste, quelque chose d'un peu vague, laissant carrière à la conjecture [...] Le mystère, le regret sont aussi des caractères du Beau. [...] je ne conçois guère (mon cerveau serait-il un miroir ensorcelé ?) un type de Beauté où il n'y ait du Malheur.

Dans cette perspective, « Harmonie du soir » est la mise en pratique de cette théorie esthétique. Or, la musique n'y est pas seulement présente grâce aux mots qui l'évoquent. Il s'agit aussi de la **musicalité interne du poème,** constituée par des jeux constants sur les sonorités. On remarque tout d'abord que les quatre quatrains sont construits seulement sur deux rimes — l'une masculine, l'autre féminine — ce qui renforce l'impression de répétition lancinante. De plus, « Harmonie du soir » est caractérisé par un jeu constant sur les allitérations*. Ainsi, le premier vers propose une alternance de [v] et de [t]. Bien plus, au vers 4, on note, grâce au chiasme* prosodique*, une parfaite symétrie des allitérations : [v] [l] / [l] [v]. Les vers présentent une cohérence sonore : les vers 5 et 9 proposent des allitérations en [f] et les vers 10 et 13 des allitérations en [r], qui mettent en valeur la rudesse de l'expérience du gouffre. Enfin, le dernier vers propose deux fois la diphtongue [oi], placée à la fin de chaque hémistiche, comme un écho interne de l'alexandrin.

Or, le choix du pantoum* obéit aussi à d'autres règles que la musicalité. Dans son *Petit Traité de poésie française*, Théodore de Banville*, dans le chapitre « De quelques curiosités poétiques », le définit ainsi : « Créé et conservé par l'Orient, qui lui a gardé une grâce infinie et un charme délicat et fuyant comme celui d'un rêve... » Banville décrit ensuite les règles du pantoum*, que Baudelaire ne respecte pas dans leur intégralité. Ainsi, le premier et le dernier vers doivent être identiques, ce qui n'est pas le cas d'« Harmonie du soir ». Bien au contraire, le dernier vers introduit un nouveau sens qui modifie la compréhension du poème. De plus, le pantoum* doit être constitué de deux idées distinctes, la première exposée dans les deux premiers quatrains et la seconde dans les deux derniers. Baudelaire obéit à cette répartition. En effet, les deux premières strophes présentent un système de synesthésies* et les deux suivantes apportent une vision mystique* qui parachève ce système. On peut conclure que Baudelaire respecte les contraintes du carcan formel qu'il a choisi. Son travail d'invention est donc ailleurs.

2. Synesthésies*

Qu'est-ce qu'une synesthésie* ? C'est un terme d'origine médicale, que l'on emploie, dans le langage poétique, pour définir une **association de sensations de nature différente**, qui produit une impression insolite de complémentarité. Dans les deux premiers quatrains, la vue, l'ouïe et l'odorat semblent se combiner et font du coucher de soleil un moment très riche. Les deux sens les plus significatifs sont l'ouïe (« valse mélancolique » v. 4, « violon » v. 6) et l'odorat, sollicité par l'évaporation des fleurs. Or, ces deux sensations se mêlent dans une sorte de vertige des sens : « Les sons et les parfums tournent dans l'air du soir » (v. 3). Ce vers ne fait pas l'objet d'une répétition ; il est pourtant essentiel à la compréhension de l'univers de Baudelaire. Il exprime en effet une **harmonie secrète entre la nature et l'homme**, capable de percevoir simultanément plusieurs sensations. On retrouve cette idée dans « Correspondances » (4) :

Les parfums, les couleurs et les sons se répondent

mais aussi aux vers 16 et 17 de « La chevelure » (23) :

Un port retentissant où mon âme peut boire
À grands flots le parfum, le son et la couleur.

Voici donc un premier élément des correspondances* baudelairiennes. Ce sont les résonances, les échos de la nature et du monde restitués par le réseau des sensations.

La vue est davantage présente dans les deux derniers quatrains, comme en témoigne le champ lexical antithétique obscurité / lumière (« néant vaste et noir » v. 10 / « soleil » v. 12, « passé lumineux » v. 14, « luit » v. 16). Ceci n'est point surprenant, puisqu'« Harmonie du soir » décrit un coucher de soleil. Baudelaire prise particulièrement ce moment de la journée, qu'il a également évoqué dans « Le balcon » (36) :

Que les soleils sont beaux dans les chaudes soirées !

Le poète est charmé par ce moment ambivalent, où la lumière meurt pour laisser le champ libre à l'obscurité. Gageons que ce qui le fascine est cette transition brutale qui juxtapose les contraires.

De plus, la première personne n'apparaît qu'au tout dernier vers et sous la forme d'un pronom personnel complément, et non pas sujet. Jusque là, les sensations décrites ne sont donc pas le fait d'une conscience unique et centralisatrice. Elles semblent partir de la nature et y retourner, comme si l'homme s'était fondu dans l'univers.

Un pantoum mystique

Ce poème peut être considéré comme mystique* parce qu'il recèle une croyance cachée, une « harmonie » qui se révèle peu à peu, un réseau de correspondances* qui se dévoile lentement. La parole est d'abord annonciatrice, prophétique : « Voici venir les temps... ». Ainsi pourrait commencer n'importe quel récit biblique ou mythique. De plus, on retrouve dans « Harmonie du soir » la dichotomie* spleen/idéal, grâce à l'antithèse entre néant et ciel, souffrance et sérénité. Mais cette fois, la souffrance est mise à distance, comme en témoigne l'emploi de l'article et du pronom indéfinis : « un cœur qu'on afflige » (v. 6, 9). L'homme est désigné par cette synecdoque*, mais on ignore tout de son identité. S'agit-il du poète ou d'une évocation universelle de l'homme ? Ce dernier en est réduit à sa condition mélancolique : il n'est plus une âme et un corps réunis, il n'est qu'« un cœur ».

Le double mouvement d'élévation et de chute, si fréquent dans le recueil, est également présent. En effet, le verbe « s'évapore » évoque l'élévation du parfum vers le ciel. Grâce au verbe « tournent » (v. 3), cette élévation est assimilée à une spirale ascendante. En revanche, la répétition du « vertige » (v. 4, 7) indique un mouvement inverse de chute. L'adjectif « langoureux » qui le caractérise dit la fascination et la complaisance de Baudelaire pour ce spleen, tandis que le vers 10 témoigne de la haine du gouffre. Cette ambivalence se retrouve au vers 4 ; le choix des adjectifs est en effet surprenant : on s'attendrait plutôt à ce que « langoureux » qualifie la valse et « mélancolique » le vertige.

« Harmonie du soir » fait du coucher de soleil une cérémonie. Les comparaisons avec les objets du culte chrétien vont dans ce sens. Le parfum de la fleur est comparé à l'encens des églises (v. 5) et le ciel est assimilé à un autel (v. 11). La nature est donc le lieu d'une célébration religieuse. Mais, malgré la triple référence au rituel chrétien (« encensoir » v. 2, 5 — « reposoir » v. 8, 11 — « ostensoir » v. 16), on peut se demander s'il ne s'agit pas plutôt d'une cérémonie païenne. En effet, les vers 12 et 15, qui proposent une métaphore morbide du coucher de soleil, font songer à un sacrifice païen. Certes, cette image du soleil ensanglanté n'est pas isolée dans *Les Fleurs du Mal*, puisqu'on la retrouve dans « Les petites vieilles » (91, III, v. 50-51) :

> [...] à l'heure où le soleil tombant
> Ensanglante le ciel de blessures vermeilles

De plus, le sang est très présent dans le recueil, à la fois symbole de vie et de mort, de corruption et de purification. Il suffit pour s'en souvenir de relire « La fontaine de sang » (113). Mais le sang est aussi celui du Christ sur la croix, si on lit le poème dans une perspective chrétienne. De même, le dernier vers peut donner lieu à **une double lecture**. Soit le souvenir est celui de la femme aimée, et le poète fait alors preuve d'idolâtrie, puisqu'il le compare à un « ostensoir ». Cet objet est en effet un coffret contenant l'hostie sacrée représentant le corps du Christ. Soit le souvenir est celui du Christ ; la double évocation du sang et du corps fait alors de la célébration une messe catholique. Or, à la différence de certains poèmes où il est possible de trancher, savoir si ce pantoum* est chrétien ou païen est impossible. Mais n'est-ce pas dans cette ambiguïté qu'est la beauté du poème ?

Conclusion

« Harmonie du soir » est un poème en apparence très mystérieux, où l'on retrouve pourtant tous les thèmes du recueil. La nature y possède un caractère sacré, quel que soit le sacré dont il s'agit. Le poète, émerveillé par l'ordre caché de la nature, l'harmonie secrète des choses n'est-il pas, comme dans « Élévation » (3) celui qui « comprend sans effort / Le langage des fleurs et des choses muettes » ?

C. « L'irréparable » (54) - Étude des strophes 6 à 10

> Pouvons-nous étouffer le vieux, le long Remords,
>   Qui vit, s'agite et se tortille,
> Et se nourrit de nous comme le ver des morts,
>   Comme du chêne la chenille ?
> Pouvons-nous étouffer l'implacable Remords ?

Dans quel philtre, dans quel vin, dans quelle tisane,
   Noierons-nous ce vieil ennemi,
Destructeur et gourmand comme la courtisane,
   Patient comme la Fourmi ?
Dans quel philtre ? - dans quel vin ? - dans quelle tisane ?

Dis-le, belle sorcière, oh ! dis, si tu le sais,
   À cet esprit comblé d'angoisse
Et pareil au mourant qu'écrasent les blessés,
   Que le sabot du cheval froisse,
Dis-le, belle sorcière, oh ! dis, si tu le sais,

À cet agonisant que le loup déjà flaire
   Et que surveille le corbeau,
À ce soldat brisé ! s'il faut qu'il désespère
   D'avoir sa croix et son tombeau ;
Ce pauvre agonisant que déjà le loup flaire !

Peut-on illuminer un ciel bourbeux et noir ?
   Peut-on déchirer des ténèbres
Plus denses que la poix, sans matin et sans soir,
   Sans astres, sans éclairs funèbres ?
Peut-on illuminer un ciel bourbeux et noir ?

L'Espérance qui brille aux carreaux de l'Auberge
   Est soufflée, est morte à jamais !
Sans lune et sans rayons, trouver où l'on héberge
   Les martyrs d'un chemin mauvais !
Le Diable a tout éteint aux carreaux de l'Auberge !

Adorable sorcière, aimes-tu les damnés ?
   Dis, connais-tu l'irrémissible ?
Connais-tu le Remords, aux traits empoisonnés,
   À qui notre cœur sert de cible ?
Adorable sorcière, aimes-tu les damnés ?

L'Irréparable ronge avec sa dent maudite
   Notre âme, piteux monument,
Et souvent il attaque, ainsi que le termite,
   Par la base du bâtiment.
L'Irréparable ronge avec sa dent maudite !

- J'ai vu parfois, au fond d'un théâtre banal
   Qu'enflammait l'orchestre sonore,
Une fée allumer dans un ciel infernal
   Une miraculeuse aurore ;
J'ai vu parfois au fond d'un théâtre banal

Un être, qui n'était que lumière, or et gaze,
   Terrasser l'énorme Satan ;

Mais mon cœur, que jamais ne visite l'extase,
   Est un théâtre où l'on attend
Toujours, toujours en vain, l'Être aux ailes de gaze !

Introduction

Ce cinquante-quatrième poème de l'édition de 1861 des *Fleurs du Mal* appartient à la section la plus longue, *Spleen et Idéal*. Il succède, avec un contraste saisissant, à « L'invitation au voyage » qui proposait une représentation apaisée du monde (« Là, tout n'est qu'ordre et beauté, / Luxe, calme et volupté »), vue par un regard nostalgique et serein. Mais Baudelaire ne s'abandonne jamais longtemps à la douceur paisible et « L'irréparable », que l'on peut rapprocher de « L'ennemi » (10), de « Remords posthume » (33) et de « L'irrémédiable » (84) est certainement un de ses poèmes les plus pessimistes et les plus noirs.

Ces dix strophes, qui alternent alexandrins et octosyllabes, s'intitulaient en 1855 « À la Belle aux cheveux d'or », titre d'une féerie* représentée en 1847 et 1848 au théâtre de la Porte Saint-Martin et dans laquelle jouait Marie Daubrun, dont le poète était épris. Certes, cet événement a donné lieu à ce poème, mais au-delà de la précision anecdotique, cette œuvre très sombre, oppressante par sa structure même, exploite bien des thèmes chers à Baudelaire : la femme double, la lutte inégale entre lumière et ténèbres, l'omniprésence de Satan, ange du mal et surtout le spleen, ce sentiment obsédant de culpabilité né de la conscience de l'irréversibilité du temps.

Lecture méthodique

1. Une structure oppressante

Dans ces cinq dernières strophes, l'affirmation péremptoire* (3 dernières strophes, achevées d'ailleurs par des points d'exclamation) l'emporte sur l'imploration (strophe 7) : l'espoir a disparu et le doute a fait place à la certitude de l'irréparable, à la conscience irrémédiable du mal.

Bien plus, il ne faut pas se méprendre sur l'interrogation à l'« adorable sorcière » (v. 31-35), qui déclenche un hypothétique dialogue. Peut-on se fier en effet à cette femme ambivalente, à la fois fascinante et malfaisante ? Au regard de l'ensemble des *Fleurs du Mal*, on est contraint de douter de cette aide. De plus, l'adjectif « adorable » sous-entend probablement une forme d'idolâtrie — seules les idoles sont adorées — et contient donc en son sein une condamnation. L'imploration naïve marquée par le « dis » (v. 32) n'est qu'une illusion de plus dont l'homme est victime. Enfin, les deux dernières strophes, qui font apparaître un « je » que l'on peut considérer comme la voix du poète, établissent une condamnation sans appel. Aux adverbes « parfois » (v. 41, 45), qui évoquent une rémission* possible, répondent « jamais » (v. 48) et surtout « toujours, toujours en vain » (v. 50) qui évacuent toute chance de salut. L'étau se resserre.

De plus, la structure même des strophes, caractérisée par une anté-piphore* est oppressante. Il semble que ce procédé soit cher à Baudelaire, puisqu'on le trouve également dans « Le balcon » (36), « Réversibilité » (44) et « *Moesta et errabunda* » (62). Or, tout l'intérêt de ce procédé, qui permet d'encercler la strophe, de la clore sur elle-même, est que le poète joue sans cesse sur la répétition et la variation, en d'autres termes le même et l'autre. Ainsi, les modifications subtiles parfois apportées, qui font qu'on ne peut pas parler de répétition stricte, infléchissent le poème dans un sens plus désespéré. La dernière strophe est à ce titre significative : le dernier vers est radicalement différent du premier et le procédé semble atteindre ses limites. Les vers 26 et 30 sont également révélateurs. Ils sont en effet construits selon un principe d'antithèse et s'opposent terme à terme (« l'Espérance »/« le Diable », « brille »/« a tout éteint »). Le vers 30 apparaît donc comme le reflet inversé du vers 26.

2. L'ennemi intime

Ces strophes sont parcourues par des images de désolation, qui sont l'objet de métaphores, ce qui n'est point pour nous surprendre, puisque la métaphore est le procédé poétique par excellence. On trouve ainsi l'image du parasite à la strophe 8 grâce à une combinaison de la métaphore (v. 36, 40) et de la comparaison (v. 38 : « ainsi que le termite »). Cette image du ver rongeur est en effet un cliché baudelairien, qu'on rencontre également dans « Remords posthume » (33) :

Et le ver rongera ta peau comme un Remords.

ainsi que dans le dernier tercet de « L'ennemi » (10) :

O douleur ! ô douleur ! Le Temps mange la vie,
Et l'obscur Ennemi qui nous ronge le cœur
Du sang que nous perdons croît et se fortifie !

Ce dernier exemple lie d'ailleurs l'image du parasite à celle du vampire, très en vogue dans les années 1840-1850 sous l'influence de la littérature gothique*. Or, si le poète doit se faire assassin, ce n'est que de lui-même, puisque l'ennemi qu'il combat est à l'intérieur de lui, d'autant plus redoutable qu'il est plus proche. C'est un thème cher à Baudelaire, magnifiquement illustré par ces vers de « L'Héautontimorouménos » (83) :

> Je suis de mon cœur le vampire
> - Un de ces grands abandonnés
> Au rire éternel condamnés,
> Et qui ne peuvent plus sourire !

Mais, l'originalité de Baudelaire ne réside pas tant dans ces images de désolation et de cruauté que dans l'utilisation qu'il fait d'images classiques, de clichés poétiques, tout en les détournant, afin de les intégrer à sa propre esthétique. Voilà le tour de force de la modernité baudelairienne : transformer l'image vieillie, usée, attendue en image neuve et évocatrice, pour faire naître la surprise. Ainsi, la métaphore des vers 33, 34 reprend la figuration mythologique de Cupidon lançant ses flèches, pour instiller l'amour dans le cœur des hommes, mais elle la réutilise en l'inversant. Cette fois, c'est le Remords, dans une allégorie* parfaite, qui envoie ses flèches de haine. La répétition rend plus sensible encore la nouveauté de la transgression. De même, l'image du théâtre, dont nous avons souligné en introduction le caractère anecdotique, exploitée dans les deux dernières strophes, n'est pas non plus une invention de Baudelaire. L'idée selon laquelle le monde est un théâtre et la vie une illusion est présente dans toute la littérature qui l'a précédé, et on ne saurait citer de meilleur exemple que *L'Illusion comique* de Corneille. Cette image du théâtre, reflet plus vrai encore que le réel, est d'ailleurs présente également dans « Le rêve d'un curieux » (125) :

> La toile était levée et j'attendais encore.

Le poète se fait spectateur de sa propre vie, de ses tourments intimes, qu'il examine à la loupe, sans espoir pourtant de les anéantir.

3. Une lecture chrétienne

Il convient de répéter ici à quel point **la représentation chrétienne** de l'homme et du monde est **une des clefs de voûte des *Fleurs du Mal*.** Concentrons-nous tout d'abord sur l'antithèse de l'ombre et de la lumière, dont on ne peut ignorer l'origine biblique et l'usage qu'Hugo en a fait lui aussi. Or, cette antithèse est un leitmotiv du recueil. Dans « L'irréparable », les champs lexicaux s'opposent très clairement : la lumière (« brille » v. 26,

« lune et rayons » v. 28, « enflammait » v. 42, « allumer » v. 43, « lumière, or et gaze » v. 46) lutte contre les ténèbres (« soufflée » v. 27, « éteint » v. 30 : métaphore de la chandelle éteinte). De plus, la lumière est le plus souvent évoquée comme absente ou disparue, comme en témoigne la préposition privative « sans » (v. 28). On songe ici à la première section d'« Un fantôme » (38), intitulée « Les ténèbres » :

> Je suis comme un peintre qu'un Dieu moqueur
> Condamne à peindre, hélas ! sur les ténèbres.

Mais ce combat entre clarté et obscurité paraît gagné d'avance. Il suggère en outre la lutte entre le Ciel et l'Enfer.

Il faut probablement lire ce poème dans une perspective chrétienne, et les allégories* du Remords et de l'Espérance sont là pour en témoigner. Le remords est en effet lié à une thématique du péché, exprimée d'ailleurs par le terme « irrémissible » (v. 32), qui signifie l'absence de pardon. De même, « les damnés » (v. 31) sont une image courante dans la représentation chrétienne et catholique : ce sont ceux qui ont été détournés du droit chemin et séduits par Satan. Ce dernier est d'ailleurs nommé à deux reprises (« le Diable » v. 30, « l'énorme Satan » v. 47), alors que Dieu est absent de ce poème, puisque la périphrase finale (« l'Être aux ailes de gaze ») désigne plutôt un être angélique. L'homme est donc privé de l'improbable « miraculeuse aurore » (v. 44) et surtout de l'« extase » (v. 48). Ici encore, le mot ne doit pas être compris dans son sens courant de volupté mais dans son acception mystique*, même s'il semble évident que le poète se joue de l'ambivalence du terme. Mais l'univers surnaturel évoqué par la fée fait surgir **une perspective païenne**. « L'irréparable » associe donc, de manière ambivalente, paganisme et christianisme.

Conclusion

On peut lire ce poème, qui met en scène plusieurs allégories* (le Remords, l'Espérance, l'Irréparable), comme une **allégorie* plus générale de la condition désespérée de l'homme et du poète**, qui attend en vain « sa croix et son tombeau ». Baudelaire se sert donc d'un événement ponctuel (la féerie* dans laquelle joue Marie Daubrun) pour parvenir à une vision universelle, et c'est là que réside son talent. Or, ce poème, qui choisit d'abord les comparaisons, puis les métaphores aboutit enfin à la métaphore filée* des deux derniers vers, qui est le point focal vers où convergent toutes les images. La métaphore finale est donc à la fois aboutissement et climax*. Enfin, il faut lire « L'irréparable » à la lumière de tout le recueil et mettre face à ce poème pessimiste la vision bienheureuse de « Bénédiction » (1), dans cette apostrophe à Dieu :

> Je sais que vous gardez une place au Poète
> Dans les rangs bienheureux des saintes Légions,
> Et que vous l'invitez à l'éternelle fête
> Des Trônes, des Vertus, des Dominations.

D. « Le cygne » (89) - Étude de la seconde partie (v. 29-52)

À Victor Hugo

I

Andromaque, je pense à vous ! Ce petit fleuve,
Pauvre et triste miroir où jadis resplendit
L'immense majesté de vos douleurs de veuve,
Ce Simoïs menteur qui par vos pleurs grandit,

A fécondé soudain ma mémoire fertile,
Comme je traversais le nouveau Carrousel.
Le vieux Paris n'est plus (la forme d'une ville
Change plus vite, hélas ! que le cœur d'un mortel) ;

Je ne vois qu'en esprit tout ce camp de baraques,
Ces tas de chapiteaux ébauchés et de fûts,
Les herbes, les gros blocs verdis par l'eau des flaques,
Et, brillant aux carreaux, le bric-à-brac confus.

Là s'étalait jadis une ménagerie ;
Là je vis, un matin, à l'heure où sous les cieux
Froids et clairs le Travail s'éveille, où la voirie
Pousse un sombre ouragan dans l'air silencieux,

Un cygne qui s'était évadé de sa cage,
Et, de ses pieds palmés frottant le pavé sec,
Sur le sol raboteux traînait son blanc plumage.
Près d'un ruisseau sans eau la bête ouvrant le bec

Baignait nerveusement ses ailes dans la poudre,
Et disait, le cœur plein de son beau lac natal :
« Eau, quand donc pleuvras-tu ? quand tonneras-tu, foudre ? »
Je vois ce malheureux, mythe étrange et fatal,

Vers le ciel quelquefois, comme l'homme d'Ovide,
Vers le ciel ironique et cruellement bleu,

Sur son cou convulsif tendant sa tête avide,
Comme s'il adressait des reproches à Dieu !

II

Paris change ! mais rien dans ma mélancolie
N'a bougé ! palais neufs, échafaudages, blocs,
Vieux faubourgs, tout pour moi devient allégorie,
Et mes chers souvenirs sont plus lourds que des rocs.

Aussi devant ce Louvre une image m'opprime :
Je pense à mon grand cygne, avec ses gestes fous,
Comme les exilés, ridicule et sublime,
Et rongé d'un désir sans trêve ! et puis à vous,

Andromaque, des bras d'un grand époux tombée,
Vil bétail, sous la main du superbe Pyrrhus,
Auprès d'un tombeau vide en extase courbée ;
Veuve d'Hector, hélas ! et femme d'Hélénus !

Je pense à la négresse, amaigrie et phtisique,
Piétinant dans la boue, et cherchant, l'œil hagard,
Les cocotiers absents de la superbe Afrique
Derrière la muraille immense du brouillard ;

À quiconque a perdu ce qui ne se retrouve
Jamais, jamais ! à ceux qui s'abreuvent de pleurs
Et tètent la Douleur comme une bonne louve !
Aux maigres orphelins séchant comme des fleurs !

Ainsi dans la forêt où mon esprit s'exile
Un vieux Souvenir sonne à plein souffle du cor !
Je pense aux matelots oubliés dans une île,
Aux captifs, aux vaincus !… à bien d'autres encor !

Introduction

Ce quatre vingt neuvième poème de l'édition de 1861 des *Fleurs du Mal* appartient à la seconde partie du recueil, intitulée *Tableaux parisiens*. Baudelaire s'y consacre plus particulièrement à la ville et décrit un Paris en pleine évolution. La politique de grands travaux d'Haussmann a en effet débuté en 1853 et s'achèvera en 1870, pour donner à la capitale le visage qu'on lui connaît aujourd'hui. Le poème est composé de deux parties, la première constituée de sept quatrains, la seconde seulement de six. Les vers sont des alexandrins aux rimes croisées et alternées. L'originalité du poème ne vient donc pas de sa forme, même s'il faut cependant être attentif à un travail rythmique très soigné. La beauté du « Cygne » vient de la richesse de ses images, qui prolifèrent et découlent les unes des autres. Les métaphores et comparaisons sont légion, mais il faut surtout remarquer les allégories, qui constituent la substance même du poème. Baudelaire fait appel à sa propre imagination, mais aussi, avec Andromaque et la louve à ses souvenirs mythologiques et littéraires. On peut rappeler qu'en mars 1846, quatre cygnes s'étaient posés sur le bassin des Tuileries ; ce fait divers a peut-être servi d'inspiration première au poète. Mais **le cygne**, au même titre que l'albatros, est **avant tout une figure symbolique, une allégorie* du poète**. De plus, ce poème, composé en 1860, est dédié à Victor Hugo. À cette date, le grand poète romantique est encore en exil à Guernesey, parce qu'il a refusé l'amnistie de l'Empire. « Le cygne » est donc **un chant mélancolique, qui s'adresse à tous les exilés**, à tous ceux qui ont été dépossédés de ce qu'ils aimaient, à ceux qui ont connu la perte et le spleen.

Lecture méthodique

1. Allégories*

Ce poème possède un réseau d'images extrêmement riche. Dans sa lettre à Victor Hugo du 7 décembre 1860, Baudelaire définit ainsi le propos du « cygne » : « dire vite tout ce qu'un accident, une image, peut contenir de suggestions, et comment la vue d'un animal souffrant pousse l'esprit vers tous les êtres que nous aimons, qui sont absents et qui souffrent, vers tous ceux qui sont privés de quelque chose d'irretrouvable. » C'est une excellente définition de la métaphore ou de l'allégorie* : l'image suggère un au-delà, elle est au service d'une idée. De plus, dans « Le cygne », chaque image en appelle une autre et elles forment ensemble un réseau cohérent. Remarquons tout d'abord que cet enchaînement des images est rendu possible par la vision et surtout par la vision intérieure qu'est la pensée (« je pense à mon grand cygne » v. 34, « je pense à la négresse » v. 40, « je pense aux matelots » v. 51). Placé en début de vers, le syntagme* « je pense » constitue une anaphore* lancinante, qui témoigne de la puissance évocatrice de l'imagination. C'est donc elle qui vient suppléer la vision, la sensation. Le vers 49 (« dans la forêt où mon esprit s'exile ») est une métaphore de l'imagination poétique. Or, si l'imagination est une forêt, chaque image est un arbre.

Quelles sont ces images ? Ce sont Andromaque, Paris, le cygne et la négresse. Le cygne donne même lieu à une personnification. On peut donc parler d'allégories*, puisque les métaphores sont ici filées et s'étendent bien au-delà d'un seul vers. Andromaque est la destinataire de l'apostrophe qui ouvre le poème. On la retrouve ici évoquée par la troisième strophe. L'opération est donc double : le poète songe à Andromaque songeant à son passé.

Pourquoi avoir choisi cette figure mythologique et littéraire plutôt qu'une autre ? Parce qu'**Andromaque représente à la fois l'exil et la dépossession**. À la chute de Troie, après avoir perdu Hector, son époux, elle est emmenée captive en Grèce et donnée à Pyrrhus, qui l'abandonne à Hélénus.

Le cygne est l'image centrale du poème et sa venue est d'ailleurs préparée avec théâtralité. L'oiseau est symbole lui aussi de perte et d'exil. Quant à l'allégorie* de la négresse, présente seulement dans cette seconde partie, elle semble d'abord presque périphérique et secondaire. La négresse est à l'opposé d'Andromaque : elle est un personnage dépourvu d'identité précise et de passé flamboyant. Elle amorce l'ouverture finale du poème, dédicace à tous les inconnus qui souffrent de l'exil.

Ce poème est **une profession de foi poétique**. Baudelaire y affirme : « tout pour moi devient allégorie » (v. 31). Cela signifie que n'importe quel sujet, du plus trivial* au plus élevé, peut servir de point de départ à l'allégorie*. Or, pour le poète des âges classiques, l'allégorie était seulement réservée aux sujets les plus nobles. Avec Baudelaire, puis Rimbaud, c'est-à-dire ce qu'on nomme la modernité poétique, c'en est fini de cette règle stricte.

2. Paris change !

Ce poème appartient à la section des *Fleurs du Mal* intitulée *Tableaux parisiens*, qui propose une vision originale de Paris. En effet, ce n'est pas la ville monumentale ou grandiose qui attire Baudelaire, mais les faubourgs, les ruelles, les bas-fonds, où l'on trouve les laissés-pour-compte, les marginaux, les mendiants. Ce parti-pris inspirera d'autres poètes après lui, comme par exemple Apollinaire* ou Jules Laforgue*. Rappelons ici les premiers vers des « Petites vieilles » (91) :

> Dans les plis sinueux des vieilles capitales,
>   Où tout, même l'horreur, tourne aux enchantements,
> Je guette, obéissant à mes humeurs fatales,
> *Des êtres singuliers, décrépits et charmants.*

Paris est dans « Le cygne » à la fois **décor et personnage, fond et allé-gorie***. Or, l'allégorie joue sur une constante oscillation entre passé et présent. Ainsi les vers 30-31, dans une vision plus globalisante que celle de la première partie, distinguent les « palais neufs » des « vieux faubourgs ». Certes, cette antithèse repose sur un fait historique : les travaux d'Hauss-mann ont débuté au moment où le poète compose « Le cygne », et vont profondément changer le visage de la capitale, en démolissant des vieux quartiers, tels ceux qui jouxtent le rue de Rivoli, et en dotant la ville d'immenses artères. Mais, au-delà, Paris est prétexte pour Baudelaire à dire sa nostalgie du passé, caractérisé par le désordre et la confusion. Cette dimension chaotique de la ville se lit d'ailleurs dans l'énumération au pluriel des vers 30-31. L'absence d'article contribue à une impression de heurt entre les différents aspects, anciens et nouveaux, de Paris. Ce chaos est très loin d'être péjoratif, quand on connaît la fascination de Baudelaire pour les ébauches et les esquisses. Enfin, la ville, ancienne ou moderne, est caractérisée par un phénomène de dénaturation (« cocotiers absents » v. 43). Il ne faut pas pour autant en déduire que Baudelaire blâme la ville. Bien au contraire, il raffole des univers urbains et déteste la nature. Dans *Les Fleurs du Mal*, cette dernière est bien souvent maltraitée et synonyme d'horreur et d'effroi. Ainsi, dans « Un voyage à Cythère » (116), le site enchanteur se métamorphose en lieu atrocement morbide. C'est ce qui distingue Baudelaire des romantiques : pour lui, l'épanchement bienheu-reux dans la nature est un leurre impossible.

3. Mélancolie

« Le cygne » est le poème de la mélancolie. C'est d'ailleurs une des rares fois où le terme apparaît dans le recueil. Mélancolie signifie en grec « bile noire » et chez Baudelaire, il est un synonyme de spleen. Or, dans ce poème, le spleen est associé au regard (« une image m'opprime » v. 33). C'est le regard intérieur du poète qui structure toutes les visions. Pour la négresse, le spleen naît aussi de la vision, une vision trouble (« l'œil hagard » v. 42) et brouillée, comme en témoigne la métaphore du vers 44 qui fait du halo brumeux un mur infranchissable. Or, ce lien entre spleen et regard ne doit pas nous surprendre. En effet, dans l'iconographie classique, on avait coutume de représenter la mélancolie sous les traits d'une femme au visage penché se regardant dans son miroir. Baudelaire est donc ici fidèle à la représentation classique.

La mélancolie est indissociable du sentiment de perte et d'exil. Si le poème est dédié à Victor Hugo, prince des exilés, ce n'est pas un hasard. Toutes les allégories du « Cygne » sont marquées par le sceau de l'exil, jusqu'au poète exilé dans une ville qu'il ne reconnaît pas. La dégradation, physique ou morale, et également omniprésente. Andromaque, caractérisée au vers 3 par « l'immense majesté » de sa souffrance devient « vil bétail » au vers 38. De même, la négresse est « amaigrie et phtisique », ce qui rappelle la fascination de Baudelaire pour les corps amoindris, souffreteux ou malades. La perte vient aussi de l'absence, de ce que le poète nomme « l'irretrouvable » : « tombeau vide » (v. 39), « cocotiers absents » (v. 43). Or cette vacuité du monde n'est que le reflet du vide de la conscience. Le cygne est l'emblème des exilés, « ridicule et sublime », élevé et dérisoire comme le Beau. L'avant-dernière strophe lève toute ambiguïté : le poème est dédié à tous ceux qui souffrent du spleen, de la perte, de la nostalgie. Le sentiment d'irréparable est d'ailleurs mis en relief par le double rejet du vers 46 (« Jamais ! jamais ! ») et par deux comparaisons originales (v. 47, 48). La première détourne l'image mythologique de la louve romaine et propose une image insolite du désespoir. La seconde fait des orphelins des fleurs fanées, sans sève et sans vie. Le poème s'achève enfin par une ouverture maximale (« à bien d'autes encor ! ») comme si l'exhaustivité était impossible lorsqu'il s'agit de souffrance.

Or, le spleen vient du poids des souvenirs. Mais il semble qu'un espoir soit ici permis. En effet, si l'on compare les vers 32 et 49, on remarque une évolution : ce qui pesait atrocement devient légèreté et musique. Les deux mots à la rime (« rocs » et « cor ») sont en effet des anagrammes l'un de l'autre. L'inversion des signes est rendue possible par la poésie et elle est concomitante à une métamorphose de la conscience.

Conclusion

C'est un poème où les jeux de miroir semblent infinis. Chaque allégorie* est le reflet de la précédente et annonce la suivante. Les associations semblent à première vue insolites, mais leurs motivations sont profondes. La pensée poétique progresse comme l'activité onirique*. L'allégorie* principale, celle du cygne, est l'image même du poète, vue au travers d'un écran poétique. Le poème est d'ailleurs construit comme un miroir, la seconde partie reflétant la première.

« Le cygne » est certainement un des poèmes les plus ambitieux des *Fleurs du Mal*, parce qu'il propose une réflexion sur la poésie, sur sa valeur et ses fonctions. Il affirme de plus une poétique et une esthétique résolument modernes, qui tournent le dos aux règles du passé.

E. « La mort des amants » (121)

Nous aurons des lits pleins d'odeurs légères,
Des divans profonds comme des tombeaux,
Et d'étranges fleurs sur des étagères,
Écloses pour nous sous des cieux plus beaux.

Usant à l'envi leurs chaleurs dernières,
Nos deux cœurs seront deux vastes flambeaux,
Qui réfléchiront leurs doubles lumières
Dans nos deux esprits, ces miroirs jumeaux.

Un soir fait de rose et de bleu mystique,
Nous échangerons un éclair unique,
Comme un long sanglot, tout chargé d'adieux ;

Et plus tard un Ange, entrouvrant les portes,
Viendra ranimer, fidèle et joyeux,
Les miroirs ternis et les flammes mortes.

Introduction

« La mort des amants », cent vingt et unième sonnet de l'édition de 1861 des *Fleurs du Mal*, est le premier poème de la section *La Mort*, qui clôt le recueil. Or ce sonnet, dont on ignore la date de composition, reçut un accueil très favorable. À la fin du XIXe siècle, nombreux furent les auteurs qu'il influença. Villiers de l'Isle-Adam* le mit en musique et Joris-Karl Huysmans* le cita dans son roman *À rebours*. Mais son originalité ne vient pas de sa forme : « La mort des amants » est un sonnet français on ne peut plus régulier, composé de décasyllabes.

La thématique et les images produisent en revanche **un effet de surprise et une impression d'étrangeté**. Alors que l'on s'attendait à une vision tragique et pénible, l'évocation de la mort est au contraire joyeuse et sereine. On est très loin ici des visions atroces d'« Un voyage à Cythère » (116) et d'« Une charogne » (29). L'atmosphère de ce sonnet n'est pas en revanche sans rappeler « L'invitation au voyage » (53), comme si la mort était un au-delà où « Tout n'est qu'ordre et beauté, / Luxe, calme et volupté ». De plus, Baudelaire a été ici influencé par les théories néo-platoniciennes* qui éclorent au XVe siècle en Italie, proposant une vision inédite des rapports de l'homme et du monde. Comment le poète parvient-il donc, en utilisant des repères culturels du passé, à franchir le cap de la modernité ?

Lecture méthodique

1. Une vision heureuse et paradoxale de la mort

« La mort des amants » propose une représentation étrange de la mort, grâce à un réseau de qualificatifs surprenants. Le premier étonnement vient du fait que la mort n'est jamais nommée dans le poème. Elle n'est pas non plus présente sous forme de personnification. Sans le titre, ce poème pourrait passer pour une évocation béate de l'amour. Or cette évocation donne lieu à une peinture très précise. Sur quatorze vers, on compte plus de vingt adjectifs. Trois d'entre eux seulement appartiennent au champ lexical de la mort : « dernières » (v. 5), « ternis » (v. 14), « mortes » (v. 14). Tous les autres font au contraire référence à la vie. Ainsi, grâce à « pleins » (v. 1), « profonds » (v. 2) et « chargé » (v. 11), naît une impression de plénitude. On est ici à mille lieues des qualificatifs habituels qui font de la mort le symbole du vide et de l'absence. De plus, les deux adjectifs de couleur que l'on trouve au vers 9, « rose et bleu », vont à l'encontre de la représentation traditionnelle de la mort, associée au noir. Le tableau s'apparente ici à une aquarelle composée de couleurs pastelles. Théophile Gautier s'est-il souvenu de « La mort des amants » en écrivant *Spirite* en 1866 ? En effet ce roman, dont le propos est la résurrection de l'héroïne, présente la jeune revenante entourée de nuées bleues et roses. Or, le texte de Gautier insiste lui aussi sur le fait que **l'amour est plus fort que la mort**. De plus, dans notre sonnet, l'ange qui permet la résurrection est qualifié de « fidèle et joyeux » (v. 13). L'au-delà devient un univers enchanteur, propice aux réjouissances. Le morbide, les ténèbres, l'inquiétude sont donc totalement évacués par Baudelaire. Seul l'adjectif « étranges » (v. 3) suggère un monde insolite, mais non pas effrayant. Enfin, le paradoxe culmine avec « écloses » (v. 4) qui définit une ouverture, une dynamique vitale, un monde où la création est possible. Les fleurs qui s'ouvrent ici à la vie sont le symbole d'une continuité de la nature, au-delà de la mort. Le participe présent « entrouvrant » (v. 12) vient corroborer cette idée, alors que la mort est traditionnellement représentée comme un monde clos.

Les sensations sont également très riches dans ce poème. La vue (« réfléchiront » v. 7, « miroirs » v. 14), l'ouïe (« sanglot » v. 11) et l'odorat (« odeurs légères » v. 1, « fleurs » v. 3) y sont sollicités. Or la sensation n'est-elle pas justement le propre de la vie ? La mort n'exclut donc pas ici la vie du corps, même si c'est l'âme qui en est l'enjeu principal.

Enfin, **la mort semble plus enviable que la vie.** Notons tout d'abord que le vers 2 propose une vision insolite, car il semble inverser comparé et comparant. On s'attendrait plutôt à ce que le poète définisse les tombeaux comme plus profonds que des divans et non l'inverse. Ici le paradoxe est donc à son point le plus haut. De plus, le comparatif de supériorité employé au vers 4 (« plus beaux ») poursuit le processus : la mort est plus parfaite que la vie. La référence aux « cieux » est elle aussi intéressante, puisque l'on sait que chez Baudelaire les cieux sont associés le plus souvent à l'idéal. Or on se serait plutôt attendu ici à des images de gouffre et d'abîme. La seule concession aux lieux communs est le vers 11 (« Comme un long sanglot, tout chargé d'adieux »), qui introduit l'idée de départ et de séparation. Mais cette scission est à l'origine d'un nouveau rapprochement.

2. Un poème néo-platonicien

Le couple est dans « La mort des amants » représenté par le pronom personnel « nous ». Sa présence répétée et insistante (« nous » v. 1, 4, 10 - « nos » v. 6, 8) fait des amants une entité globale à l'intérieur de laquelle il est impossible de distinguer chaque individu. Le « je » et le « tu » sont certes dissimulés sous le « nous », mais ils n'ont aucune existence autonome. Les amants sont une paire indissociable, même par-delà la vie. Là encore, la vision est paradoxale. Le sonnet affirme en effet que l'amour est plus fort que la mort. Or ce credo va nourrir, après Baudelaire, toute la littérature fantastique de la seconde moitié du XIXe siècle. L'emploi du futur peut paraître lui aussi surprenant. Le futur est en effet le temps de la projection, du devenir, alors que la mort est habituellement considérée comme un *no man's land* temporel, où les repères habituels sont abolis.

De plus, les amants sont caractérisés par leur gémellité. On retrouve ici la nostalgie fantasmatique de Baudelaire pour le couple frère/sœur. La seconde strophe est à ce titre très significative. Grâce à une double métaphore, le poète fait des amants deux personnes identiques. La triple répétition de « deux » (v. 6, 8), relayée par l'adjectif « doubles » puis « jumeaux » établit un crescendo. La dualité se métamorphose en similitude. Or cette ressemblance est d'essence spirituelle et non corporelle. Elle est de plus entretenue par un champ lexical de la lumière et de la chaleur (« flambeaux » v. 6, « lumières » v. 7, « éclairs » v. 10). La ressemblance devient fusion au vers 10 et par un échange mystique* — l'adjectif est d'ailleurs présent au vers 9 —, les deux cœurs ne font plus qu'un. Ce thème qui peut sembler étrange de prime abord est en fait un lieu commun des doctrines néo-platoniciennes* qui ont vu le jour en Italie au XVe siècle, notamment grâce aux œuvres de Marsile Ficin*. Or, on peut imaginer que Baudelaire connaît ces théories par le biais des poètes français de la Renaissance qui les avaient faites leur. La résurrection finale doit également être comprise dans cette perspective. L'Ange, ni tout à fait homme ni tout à fait dieu, restitue la chaleur et la lumière que la mort avait provisoirement confisquées. Or le néo-platonisme* de Ficin réconcilie par des détours complexes cette mystique naturelle et le catholicisme, ce qui a dû séduire également Baudelaire. **La mort est ici un mouvement de dissolution qui va vers une plus grande perfection**. Le passage vers l'au-delà n'est donc pas à redouter. Il faut au contraire attendre avec espoir cette transition qui permet de dépasser la dualité terrestre des corps. L'esprit des amants devenu un est donc le suprême but à atteindre.

Conclusion

Dans la section finale des *Fleurs du Mal*, « La mort des amants » occupe une place à part, car la mort n'y est pas seulement consolatrice mais également revivifiante. C'est ce qui fait de ce sonnet une des pièces les plus optimistes et les plus apaisées du recueil, qui relève bien davantage de l'idéal que du spleen. Or, le talent de Baudelaire consiste à utiliser une perspective classique et datée pour créer un poème moderne. Car la modernité vient ici de l'usage particulier que le poète fait du paradoxe. Il ne craint pas de contredire d'autres de ses poèmes, d'aller à l'encontre de la facilité, d'utiliser les clichés pour déjouer la tradition.

F. Questions pour l'entretien[1]

A. Pouvez-vous citer d'autres poèmes du recueil où la figure de la Muse apparaît ? Quelles sont les principales caractéristiques de cette figure féminine ?
La métaphore du vaisseau et de la mer est-elle fréquente dans *Les Fleurs du Mal* ?
Connaissez-vous d'autres poètes qui aient privilégié le sonnet dans leur œuvre poétique ?

B. Pourriez-vous trouver dans ce poème des allitérations significatives ?
La musique est-elle un thème cher à Baudelaire ?
Le pantoum* est-il une invention baudelairienne ? Quelles sont ses particularités ?

C. Ce poème peut-il être considéré comme un poème chrétien ?
Quels sont les différents temps employés dans ce poème ? Révèlent-ils une angoisse particulière ?
L'ivresse est-elle un moyen d'échapper à l'« irréparable » ?

D. Paris est-il dans le recueil un lieu comme les autres ?
Pourquoi le poème est-il dédié à Victor Hugo ? Baudelaire et lui s'appréciaient-ils ?
Quelles sont les figure mythologiques ou littéraires citées dans ce poème ? Quel est le rôle de ces apparitions ?

E. Ce poème vous semble-t-il révélateur de la vision de la mort et de l'amour dans *Les Fleurs du Mal* ?
À quelle esthétique « La mort des amants » se rattache-t-elle ?
Pourriez-vous comparer en quelques points ce poème à « La mort des artistes » ? Pouvez-vous caractériser le ton de ces deux poèmes ?

DISSERTATIONS LITTÉRAIRES

A. Baudelaire jugé par Rimbaud

> Dans une lettre adressée à Paul Demeny le 15 mai 1871, Arthur Rimbaud écrit :
> « Baudelaire est le premier voyant, roi des poètes, *un vrai Dieu*. Encore a-t-il vécu dans un milieu trop artiste ; et la forme si vantée en lui est mesquine : les inventions d'inconnu réclament des formes nouvelles. » Dans quelle mesure ce propos vous semble-t-il rendre compte de votre lecture des *Fleurs du Mal* ?

Remarques préliminaires

Un tel sujet ne peut être traité sans se reporter à la fameuse lettre de Rimbaud dans son intégralité. Il faut également pouvoir citer quelques poèmes de Rimbaud et connaître globalement son projet poétique. Mais il

---

1. Chaque série renvoie au poème correspondant précédemment analysé.

ne faut pas non plus tomber dans le travers qui consisterait à centrer tout le sujet sur Rimbaud.

Il faut également prendre en compte la citation dans son intégralité et en expliciter chacun de ses termes (voyant, roi des poètes, milieu trop artiste, forme mesquine / formes nouvelles, inventions d'inconnu).

Il ne faut pas non plus hésiter à contester ou à nuancer la phrase de Rimbaud, à l'aide d'exemples précis.

Plan succinct suggéré

I. Baudelaire, le premier voyant
- la définition rimbaldienne du voyant
- savoir regarder en soi-même
- la recherche de la nouveauté

II. Baudelaire prisonnier d'un classicisme formel
- reproche injustifié d'avoir « vécu dans un milieu trop artiste »
- reproche justifié d'un classicisme formel (sonnet, alexandrin, strophes, etc.)
- le classicisme ne réside ni dans l'emploi de figures mythologiques ni dans celui d'un lexique archaïsant

III. Un vrai Dieu
- Baudelaire, poète des correspondances
- les audaces de la métaphore
- la religion, pierre de touche qui éloigne Baudelaire de Rimbaud

---

Devoir rédigé

Introduction

Il est toujours très instructif de connaître le regard d'un poète sur un autre poète, car cette approche est le plus souvent d'une grande subtilité et d'une grande fertilité. C'est ce que nous propose cette lettre d'Arthur Rimbaud à Paul Demeny, dans laquelle le jeune poète, qui n'a que dix-sept ans et est encore parfaitement inconnu, dresse un bilan littéraire et éreinte tous ceux qui l'ont précédé, à l'exception de Racine et de Baudelaire.

En 1871, Baudelaire est mort depuis quatre ans et voilà dix ans que la seconde édition des *Fleurs du Mal* est parue. Rimbaud a déjà composé ses premiers poèmes, d'inspiration parnassienne, mais il faudra attendre encore deux ans pour qu'il écrive les fulgurants poèmes en prose d'*Une saison en enfer*. Cette lettre, intitulée souvent « lettre du voyant » car c'est ainsi que Rimbaud définit le poète, est donc une sorte d'hommage à celui qui lui a montré le chemin, puisqu'on peut considérer la poésie rimbaldienne comme un aboutissement des recherches baudelairiennes. Or elle n'est pas seulement hommage ; c'est aussi une profession de foi et un programme poétique, telles que Rimbaud, « voleur de feu », va les illustrer dans « Le bateau ivre ». Il définit donc Baudelaire comme « le premier voyant, roi des poètes, *un vrai Dieu*. » Mais l'éloge n'est pas exempt de reproches ; distinguant forme et contenu, Rimbaud déplore chez l'auteur des *Fleurs du Mal* sa « forme mesquine » qui ne tient pas compte du fait que « les inventions d'inconnu réclament des formes nouvelles ».

Qu'entend Rimbaud quand il désigne Baudelaire comme le « premier voyant » ? Le voyant est-il un visionnaire ou celui qui a le courage de regarder en lui-même ? Par « forme mesquine », ne condamne-t-il pas le classicisme formel des *Fleurs du Mal*, qui font la part belle au sonnet et à l'alexandrin ? Cette citation ne pose-t-elle pas enfin la question essentielle de la modernité de Baudelaire, considéré comme « *un vrai Dieu* » ?

Première partie : Baudelaire, le premier voyant

Dans cette lettre, Rimbaud utilise des termes on ne peut plus emphatiques* pour qualifier Baudelaire et lorsqu'on connaît la violence des reproches et des haines du poète adolescent, on n'est que plus sensible à cet éloge. Baudelaire est pour lui le roi des poètes — c'est-à-dire le meilleur et le plus grand — et surtout le « premier voyant ». Il peut sembler étrange de ne point trouver Hugo à cette place ; mais si Rimbaud reconnaît ce dernier comme visionnaire, il lui dénie le titre de *voyant*, qui possède à ses yeux une toute autre signification. Pour Rimbaud, **être voyant**, ce n'est pas imaginer de grandes fresques mais au contraire **regarder en soi-même et faire de sa propre conscience le terrain privilégié de toutes les investigations**. Dans la lettre à Paul Demeny, on peut lire : « Le Poète se fait *voyant* par un long, immense et raisonné *dérèglement* de *tous les sens*. [...] Ineffable torture où il a besoin de toute la foi, de toute la force surhumaine, où il devient entre tous le grand malade, le grand criminel, le grand maudit, — et le suprême Savant ! — Car il arrive à l'*inconnu* ! Puisqu'il a cultivé son âme, déjà riche, plus qu'aucun ! ». Cette lettre va instituer Baudelaire comme le premier des *poètes maudits*, parmi lesquels on trouvera Rimbaud, mais aussi Verlaine et Lautréamont. Notons également la référence aux *Paradis artificiels*, que Rimbaud a lus à cette date.

C'est donc cette culture de l'âme qui fait du poète un voyant. Or, le jugement de Rimbaud est ici d'une très grande justesse : on peut en effet considérer Baudelaire comme le premier à avoir fait de l'introspection le sujet unique et privilégié d'un recueil poétique, même s'il faut reconnaître que les romantiques avant lui avaient amorcé cette tendance. Pourtant tel n'était pas le but annoncé de Baudelaire, qui, dans ses projets de préface, se propose seulement « d'extraire la *beauté* du Mal ». L'activité du poète, telle qu'elle est mise en pratique par Baudelaire, est réflexive : elle consiste à se prendre soi-même comme terrain d'investigation, à se considérer à la fois comme sujet et objet de la poésie. Il faut apprendre à déchiffrer « un cœur devenu son miroir » (« L'irrémédiable » [84]). Ce thème du regard porté sur soi-même, illustré par le motif du miroir, est d'ailleurs omniprésent et extrêmement fertile dans le recueil. Il faut s'observer, s'appréhender soi-même et faire de sa propre conscience le point de départ et l'aboutissement, la source et le but de cette recherche poétique et existentielle. Il n'est plus besoin de courir le monde pour être poète, il suffit de savoir regarder en soi-même. C'est certainement là la grande modernité de Baudelaire, sa plus belle invention : définir la conscience comme le champ de la poésie. Ceux qui lui succéderont s'en souviendront.

Mais cette quête ne se fait pas sans douleur, comme l'annonçait Rimbaud. C'est le spleen baudelairien, ce désespoir irréductible, qui naît de la conscience du Mal que le poète a reconnu en lui-même. Il ne lui reste alors qu'à implorer Dieu, comme dans « Un voyage à Cythère » (116) :

> Ah ! Seigneur ! donnez-moi la force et le courage
> De contempler mon cœur et mon corps sans dégoût !

Or, ce que Baudelaire cherche en étant spectateur de lui-même, ce ne sont pas des traits ou des figures déjà vues, mais bien plutôt de l'inédit, de l'inconnu, du nouveau et c'est ce projet qui rend Rimbaud admiratif de sa poésie. Les derniers vers des *Fleurs du Mal* (édition de 1861) ne proposent-ils pas comme quête et aboutissement de

> Plonger [...] au fond de l'Inconnu pour trouver du nouveau !

Ces vers, Rimbaud aurait pu les écrire. Voici donc une autre définition de la modernité : **chercher un sens inédit à l'homme et au monde** et non pas répéter ce qui a déjà été dit. Mais ne nous méprenons pas : « trouver du nouveau », ce n'est pas tout récuser de l'ancien pour Baudelaire, tandis que pour Rimbaud il s'agit de faire table rase du passé.

Deuxième partie : Baudelaire prisonnier d'un classicisme formel

La lettre du voyant contient certes un éloge de Baudelaire, mais elle lui reproche son recours à une « forme mesquine ». Ce reproche se fonde d'ailleurs sur l'argument selon lequel le poète des *Fleurs du Mal* ne se serait pas suffisamment isolé des hommes de lettres de son temps : « Encore a-t-il vécu dans un milieu trop artiste... ». Le mot *artiste* est ici péjoratif ; il désigne tous ceux qui selon Rimbaud se piquent de faire de la poésie sans être poètes, et sans doute les Jeunes-France* que Baudelaire a fréquentés dans sa jeunesse. Mais cet argument ne semble pas vraiment fondé, quand on sait le repli ultérieur de Baudelaire sur lui-même. En revanche, le reproche de « forme mesquine » est-il justifié ?

Sans doute, mais peut-être vaut-il mieux substituer classique ou vieillie à « mesquine », qui est fortement péjoratif. Certes, Baudelaire ne peut être considéré comme un novateur d'un point de vue purement formel. On sait son goût pour le sonnet, cette forme fixe qui connut son heure de gloire au XVIe siècle et dont le succès ne s'est pas démenti jusqu'à Rimbaud. On compte dans *Les Fleurs du Mal* 59 sonnets sur 126 poèmes (édition de 1861). La moitié du recueil est ainsi consacrée à une forme fixe et figée. Or, il faut voir dans le reproche de Rimbaud une suggestion de ce que lui-même se propose d'apporter à la poésie : l'abandon des formes fixes, de la prosodie* traditionnelle et la grande découverte de la prose poétique ou de la poésie en prose. De plus, cette « mesquinerie » de la forme est aussi due à l'emploi de ces deux vers classiques : l'alexandrin et l'octosyllabe, avec une nette préférence pour le premier. Par cet emploi, Baudelaire, même s'il sait manier les vers avec un talent incontestable, ne se distingue pas de ses prédécesseurs. Au contraire, il leur reste fidèle, comme lorsqu'il maintient un système de rimes, qu'elles soient plates, croisées ou embrassées. En comparaison, rares sont les rimes dans les *Illuminations* de Rimbaud, ce qui n'empêche pas le poète de jouer avec un art consommé des sonorités.

On pourrait sans doute alléguer que Baudelaire a su s'extraire de ce carcan classique, notamment avec les *Petits Poèmes en prose* (1869), mais aussi avec ses textes critiques (*Curiosités esthétiques*, *l'Art Romantique* 1868), où la langue, souvent poétique, sait s'élaborer sur fond de prose. Mais tel n'est pas le cas des *Fleurs du Mal*.

Il convient aussi de ne pas se méprendre sur cette critique du classicisme baudelairien. Rimbaud ne reproche en aucun cas à Baudelaire son recours fréquent aux figures mythologiques, comme il pouvait se moquer des « vieilles énormités crevées » qui hantent les poèmes de Victor Hugo. C'est là ce qui fait sa grande clairvoyance. En effet, chez Baudelaire, les figures mythologiques ou littéraires — certes moins fréquentes que chez Hugo — servent seulement d'images, de métaphores ou d'allégories*. Ainsi, dans « L'irrémédiable » (84), la mention du « Styx bourbeux et plombé » vient enrichir le système des images. Mais en aucun cas on ne peut dire que cet usage de figures ou de lieux classiques est en contradiction avec la modernité de Baudelaire. De même, on connaît l'amour de Baudelaire pour la langue classique, c'est-à-dire la langue des XVI⁰ et XVII⁰ siècles et on sait par exemple que le mot *ennui* doit être compris chez lui comme chez Racine, au sens d'un sentiment de haine de soi et du monde, né de la conscience du vide. De même, dans le sonnet « Remords posthume » (33), Baudelaire se plaît à employer des archaïsmes, tels que *nonchaloir* (au sens de « nonchalance ») et *monument* (au sens de « tombeau »). En donnant à ces mots le sens qu'ils possédaient au XVI⁰ siècle, mais qu'ils n'ont plus au moment où il écrit, **le poète fait de son lexique un creuset des âges de la langue française**. Or, cette forme de réminiscence* ne participe en aucun cas de la « forme mesquine » ou même du classicisme. La seule tradition vraiment respectée chez Baudelaire concerne donc la prosodie*.

Troisième partie : un vrai Dieu

Cette affirmation de Rimbaud, selon laquelle Baudelaire est « un vrai Dieu » est bien entendu métaphorique. Elle exprime à quel point le poète des *Fleurs du Mal* a montré la voie à celui des *Illuminations*. Or, ce qui rapproche sans doute le plus ces deux poètes est l'usage qu'ils font de la langue. En effet, toujours dans cette même lettre du voyant, Rimbaud définit ainsi le langage poétique qu'il se propose de créer : « Cette langue sera de l'âme pour l'âme, résumant tout, parfums, sons, couleurs, de la pensée accrochant la pensée et tirant. » N'est-ce pas une excellente manière de définir les correspondances* baudelairiennes ? Chez Baudelaire, le mot *correspondance* — qui sert de titre à un sonnet du recueil (« Correspondances » [4]) — possède en effet une signification très particulière. Les correspondances sont tout d'abord celles qui existent entre les différents types de sensations (odorat, ouïe, vue, etc.). Or Baudelaire s'est efforcé de créer une langue qui mêle « parfums, sons et couleurs ». Dans le sonnet intitulé « Correspondances », il écrit d'ailleurs : « Les parfums, les couleurs et les sons se répondent ». Sur ce point, nos deux poètes sont en parfaite harmonie. Mais les correspondances ne sont pas seulement des synesthésies*. Elles sont aussi l'expression d'une certaine forme de sacré, sans que la religion ne rentre ici en cause. En effet, **la langue poétique, fondée sur les correspondances*, permet au poète de découvrir l'unité du monde**. Or, cette unité vient de la complémentarité des contraires et de l'union des choses dissemblables. C'est pourquoi la langue poétique doit « tout résumer », si elle veut restituer la vérité du monde et de l'âme. Nul doute que Rimbaud ait compris ce système et cette théorie, qu'il reprend à son compte pour son propre programme poétique.

Le second point sur lequel nos deux poètes ne manquent pas de se rencontrer concerne également le langage poétique. Il s'agit de la métaphore. Chez Baudelaire, ce procédé poétique est loin d'être artificiel, puisqu'il repose lui aussi sur la théorie des correspondances*. Qu'est-ce que la métaphore ? C'est une figure de style qui permet le rapprochement de deux réalités, ce rapprochement étant fondé sur une impression ou une interprétation. C'est donc au lecteur de deviner ce qui a induit cette impression ou cette interprétation. On sait que le poète des *Fleurs du Mal* aime la surprise et ses métaphores sont souvent audacieuses. C'est cette audace qui nous semble la raison la plus profonde de l'admiration de Rimbaud. Ainsi, dans « Le beau navire » (52), Baudelaire, par le truchement d'une métaphore, fait de la « gorge » une « belle armoire ». Associer ainsi le corps voluptueux et un objet trivial* et inanimé, dans une image surprenante, telle est la réussite métaphorique de Baudelaire.

Mais il est un point essentiel, sur lequel Rimbaud reste muet. C'est celui de la religion. On sait que pour Baudelaire, *Les Fleurs du Mal*, dans leur intégralité, sont un appel à Dieu, dont l'existence, parfois mise en doute, hante le recueil. De même, le spleen et l'idéal ne sont que des moyens d'appréhender la place et le rôle de Dieu. Le poète se concentre sur son examen de conscience, et cette démarche est chrétienne, n'en déplaise à ceux qui ont jugé Baudelaire comme un athée et ont condamné pour cette raison son œuvre. En revanche, Rimbaud est athée, et surtout anticlérical, et ne met certainement pas le même sens dans le mot inconnu. Pour lui, la conquête de l'inconnu, réalisée par le poète-voyant, est une marche vers le progrès. En revanche, pour Baudelaire, malgré ses doutes et ses tourments, la conquête de l'inconnu est de nature métaphysique. Le but de leur quête est donc très différent. Mais le chemin qui les conduit à ce but est le même, pavé d'incertitudes et de douleurs.

Conclusion

Baudelaire et Rimbaud partagent tout d'abord la même vision de la place du poète dans la société, de celui qui est « exilé sur le sol au milieu des huées » (« L'albatros » [2]). Ils se sont heurtés aux mêmes difficultés, aux mêmes écueils. Ils ont également en commun le même programme : explorer leur conscience. Leurs poétiques sont cependant très différentes : Rimbaud, contrairement à son modèle, saura s'affranchir des formes fixes et bannir toutes les normes. Mais ce qui fait justement la saveur des *Fleurs du Mal*, n'est-ce pas ce contraste étonnant entre une profonde originalité et un respect méticuleux de la tradition formelle ? Si Baudelaire peut néanmoins être considéré comme le premier des modernes, Rimbaud est sans aucun doute, dans l'histoire de la littérature, le « roi des modernes ».

B. « Le voyage »

Dans « Le voyage » (126), Baudelaire affirme sur un ton désabusé :
« Amer savoir, celui qu'on tire du voyage ! »
Au regard de l'ensemble du recueil, ce vers vous paraît-il refléter la totalité des enjeux de ce thème ?

Introduction

Baudelaire n'a fait que deux voyages dans sa vie, le premier pour l'Inde, le second pour la Belgique. Parti en 1841 sur la Paquebot-des-mers-du-Sud qui devait le mener à Calcutta, il n'ira pas plus loin que la Réunion et reviendra en France neuf mois plus tard. À la fin de sa vie, il franchira la frontière pour se rendre en Belgique, effectuant une série de conférences qui ne remporteront malheureusement pas le succès escompté et dont il reviendra amer et épuisé. Malgré ces deux expérience décevantes, *Les Fleurs du Mal* font du voyage un thème riche, prometteur et obsédant. Si dans « Le voyage », ajouté au recueil par la seconde édition de 1861, Baudelaire semble déçu et affirme « Amer savoir, celui qu'on tire du voyage ! », il n'en est pas toujours ainsi. Le voyage est également dans le recueil la promesse d'un ailleurs paradisiaque, l'espoir d'une existence meilleure, loin de la douleur et du spleen. Paradoxalement, c'est aussi un leurre, un mensonge, une sorte de miroir aux alouettes. Reste donc le seul voyage qui vaille vraiment la peine, le voyage poétique, qui permet de se connaître soi-même et d'échapper aux limites de la réalité.

I. Promesse d'idéal

1. Le voyage maritime

Presque tous les voyages évoqués par Baudelaire sont des voyages sur mer, qui répondent à sa fascination pour cet élément (« L'homme et la mer » [14]). La mer possède en effet une valeur symbolique précise : elle est synonyme d'infini et de mouvement. Contrairement au ciel et à la terre, elle n'est pas un carcan qui étouffe l'homme. C'est pourquoi l'image du navire est tant valorisée (*Mon Cœur mis à nu* [15] : « charme infini et mystérieux qui gît dans la contemplation d'un navire »). En témoignent les nombreuses métaphores qui associent la mer et le navire au bonheur et à la volupté (« La chevelure » [23], « Le serpent qui danse » [28], « Le beau navire » [52], « La musique » [69]).

2. L'ailleurs

Baudelaire rêve de destinations exotiques, souvent incarnées par la femme. C'est Jeanne, la mulâtresse, qui remplit le mieux ce rôle (voir cycle de Jeanne et « À une dame créole » [61], souvenir d'une rencontre à l'île Maurice). **Le voyage est l'espoir d'un ailleurs idéalisé, qui est l'envers de l'ici et maintenant, caractérisé par le spleen et la détresse.** Le voyage est donc une échappatoire, il incarne un rêve de fuite (« *Moesta et errabunda* » [62] : « Emporte moi, wagon ! enlève-moi, frégate ! / Loin ! loin ! ici la boue est faite de nos pleurs ! »). L'ailleurs est aussi une fuite hors du temps, qui permet d'accéder à un *any where out of the world* où « tout n'est qu'ordre et beauté, / Luxe, calme et volupté ». Mais cette perfection existe-t-elle vraiment ?

II. Désillusion et amertume

1. Les voyageurs

Le voyageur des *Fleurs du Mal* est le plus souvent l'amant ou le frère (« L'invitation au voyage » [53], « Un voyage à Cythère » [116]). Mais c'est une figure rarement sereine ou joyeuse. Ainsi, dans « Bohémiens en voyage » (13), les voyageurs perpétuels sont des êtres tristes, en marge, qui se heurtent à des « chimères absentes ». Cette figure du bohémien annonce d'ailleurs celles d'Apollinaire* (*Alcools*). Il faut aussi prendre en compte la figure de l'exilé, puisque l'exil est un voyage forcé, alors synonyme de perte, de dépossession. Baudelaire est en effet **un des grands poètes de l'exil** (« L'albatros » [2], « Horreur sympathique » [82], « Le cygne » [89]), puisque telle est la condition du poète sur terre.

2. « *Amer savoir, celui qu'on tire du voyage !* »

« Le voyage » est un poème ajouté par l'édition de 1861 et il infléchit le recueil dans un sens plus pessimiste. Le voyage y est un leurre, car celui qui part croit quitter sa douleur et son spleen, alors qu'ils sont irrémédiablement liés à lui. **L'ailleurs tant rêvé se révèle n'être que la reproduction identique de l'ici qu'on croyait fuir.** L'océan n'est pas seulement symbole d'infini, il incarne aussi les troubles de la conscience (« Obsession » [79], « L'homme et la mer » [14]). Le poème de la désillusion est sans conteste « Un voyage à Cythère » (116), dont le ton et les images démentent « L'invitation au voyage » (53). Construit comme un diptyque, sa seconde partie est un tableau de mort et de décomposition. Le mythe de l'ailleurs idéalisé y est réduit à néant. C'est une chimère qu'il faut congédier.

III. Le voyage intérieur

1. L'imagination, « reine des sensations »

Cette affirmation d'Edgar Poe, Baudelaire l'a reprise à son compte, parce qu'elle est en profonde adéquation avec son esthétique. **Les plus beaux voyages des *Fleurs du Mal* ne sont-ils pas des voyages imaginaires ?** Le voyage est alors métaphorique. On retrouve ce thème fondu dans celui de l'expérience amoureuse : la femme est une île qu'il faut aborder, l'amour est un voyage semé d'embûches mais qui promet peut-être le bonheur, le salut. Ces métaphores sont très nombreuses dans le recueil et surtout dans le cycle de poèmes consacrés à Jeanne (« Parfum exotique » [22], « La cheve-lure » [23], « *Sed non satiata* » [26], « Le serpent qui danse » [28], « Le beau navire » [52]). Ce sont ces voyages imaginaires, auxquels le poète ne renoncera jamais, qui font de la poésie baudelairienne une poésie onirique*.

2. Le voyage de la conscience

Dans *Les Fleurs du Mal*, Baudelaire propose plusieurs voyages de la conscience. Le plus incertain mais non le moins doux est celui que procure l'ivresse (« Le vin des amants » [108]). Les paradis artificiels sont donc un moyen d'échapper au réel et de découvrir un ailleurs plus clément. Cet ailleurs c'est aussi le passé et surtout l'enfance, le « vert paradis des amours enfantines » (« *Moesta et errabunda* » [62]) car Baudelaire est nostalgique de ce premier âge de la vie, fait d'innocence et d'inconscience. Il s'agit alors d'un voyage de la conscience dans le temps, de ce que Proust nommera la réminiscence*. Mais là encore, aucune certitude. **Le seul voyage qui vaille est donc celui de la poésie, qui permet d'abolir le spleen, de repousser les limites de l'être, de narguer la mort, de chercher le nouveau** (« Le voyage » [116] : « Plonger […] au fond de l'Inconnu pour trouver du nouveau »). Or cette nouveauté n'est pas extérieure au poète, elle est en lui. Le voyage intérieur est donc la promesse la plus sûre de cet ailleurs tant convoité.

Conclusion

Le voyage obéit dans *Les Fleurs du Mal* à un mouvement dialectique : illusion, désillusion et enfin dépassement de cette désillusion, par le truchement de la poésie. Le plus beau navire est donc le poème, ou bien la métaphore, qui permettent d'embarquer vers des rivages plus calmes, moins douloureux, pour explorer les *terres inconnues* de la conscience. Baudelaire a donc réussi son voyage, puisqu'il a « métamorphosé la boue en or », le réel en une réalité supérieure car transfigurée.

C. Autres sujets de dissertation possibles

1- À l'aide d'exemples précis tirés des *Fleurs du Mal*, efforcez-vous de définir quelle place Baudelaire accorde au poète. Quel est son rôle ? Quelle difficultés doit-il vaincre pour *transformer la boue en or* ?

2- Aragon, poète du XXe siècle, a affirmé : « Il n'y a pas d'amour heureux ». Cette assertion vous semble-t-elle pouvoir s'appliquer au recueil de Baudelaire ?

3- Commentez ce jugement sur Baudelaire, porté par Paul Valéry, dans *Variété II* :

> Je puis donc dire que, s'il est, parmi nos poètes, des poètes plus grands et plus puissamment doués que Baudelaire, il n'en est point de plus *important.*

Vous vous interrogerez notamment sur l'influence des *Fleurs du Mal* sur la poésie ultérieure.

4- Dans *Fusées*, Baudelaire définit ainsi son esthétique :

> J'ai trouvé la définition du Beau, — de mon Beau. C'est quelque chose d'ardent et de triste, quelque chose d'un peu vague, laissant carrière à la conjecture.

À l'aide d'exemples précis, vous vous demanderez si cette affirmation se vérifie dans *Les Fleurs du Mal*.

5- Dans l'« Épigraphe pour un livre condamné » qui ouvre la seconde édition des *Fleurs du Mal*, Baudelaire qualifie le recueil de « livre saturnien, orgiaque et mélancolique ». Cette définition vous semble-t-elle convenir à l'œuvre ?

6- Dans *Tombeau de Baudelaire*, le poète Pierre Jean Jouve déclare :

> Voici donc la vérité centrale : une douleur est inhérente au fait de la vie ; une Douleur essentielle existe, à dénuder et à connaître ; une Douleur dont il faut extraire la Beauté. Et cette douleur a la forme du Mal.

Vous commenterez ce propos, en prenant soin de citer des poèmes des *Fleurs du Mal* où cette douleur s'exprime.

ANNEXES

I. LE PROCÈS DES *FLEURS DU MAL* : « NOTES ET DOCUMENTS POUR MON AVOCAT »

Rédigé en 1857, quelques jours avant le jugement qui conduisit Baudelaire devant la sixième chambre correctionnelle de Paris, ce texte exprime l'amertume et l'indignation du poète. On retiendra surtout l'argument selon lequel le livre est un tout cohérent et non pas une juxtaposition de pièces n'ayant aucun lien les unes avec les autres. Ce texte peut donc être lu comme une justification esthétique du recueil.

Le livre doit être jugé *dans son ensemble*, et alors il en ressort une terrible moralité.

Donc je n'ai pas à me louer de cette singulière indulgence qui n'incrimine que 13 morceaux sur 100. Cette indulgence m'est très funeste. C'est en pensant à ce *parfait ensemble* de mon livre, que je disais à M. le juge d'instruction :

Mon unique tort a été de compter sur l'intelligence universelle, et ne pas faire une préface où j'aurais posé mes principes littéraires et dégagé la question si importante de la Morale. (Voir, à propos de la Morale dans les œuvres d'art, les remarquables lettres de M. Honoré de Balzac à M. Hippolyte Castille, dans le journal *La Semaine*.)

Le volume est, relativement à l'abaissement général des prix en librairie, d'un prix élevé. C'est déjà une garantie importante. Je ne m'adresse donc pas à la foule.

Il y a prescription pour deux des morceaux incriminés : « Lesbos » et « Le reniement de saint Pierre », parus depuis longtemps et non poursuivis.

Mais je prétends, au cas même où on me contraindrait à me reconnaître quelques torts, qu'il y a une sorte de prescription générale. Je pourrais faire une bibliothèque de livres modernes non poursuivis, et *qui ne respirent pas, comme le mien*, L'HORREUR DU MAL. Depuis près de 30 ans, la littérature est d'une liberté qu'on veut brusquement punir en moi. Est-ce juste ?

Il y a plusieurs morales. Il y a la morale positive et pratique à laquelle tout le monde doit obéir.

Mais il y a la morale des arts. Celle-ci est tout autre, et depuis le commencement du monde les arts l'ont bien prouvé.

Il y a aussi plusieurs sortes de *Liberté*. Il y a la Liberté pour le Génie, et il y a une liberté très restreinte pour les polissons.

M. Charles Baudelaire n'aurait-il pas le droit d'arguer des licences permises de Béranger (*Œuvres Complètes* autorisées*) ? Tel sujet reproché à Ch. Baudelaire a été

traité par Béranger. Lequel préférez-vous ? Le poète triste ou le poète gai et effronté, l'horreur dans le mal ou la folâtrerie, le remords ou l'impudence ?
(Il ne serait peut-être pas sain d'user, outre mesure, de cet argument.)
Je répète qu'un livre doit être jugé dans son ensemble.
À un blasphème j'opposerai des élancements vers le Ciel, à une obscénité des fleurs platoniques.
Depuis le commencement de la poésie, tous les volumes de poésie sont ainsi faits. Mais il était impossible de faire autrement un livre destiné à représenter L'AGITATION DE L'ESPRIT DANS LE MAL.
M. le ministre de l'Intérieur, furieux d'avoir lu un éloge flatteur de mon livre dans *le Moniteur*, a pris ses précautions pour que cette mésaventure ne se reproduisît pas.
M. d'Aurevilly, *(un écrivain absolument catholique, autoritaire et non suspect)* portait au *Pays*, auquel il est attaché, un article sur *Les Fleurs du Mal* ; et il lui a été dit qu'une consigne récente défendait de parler de M. Charles Baudelaire dans *le Pays*.
Or il y a quelques jours, j'exprimais à M. le juge d'instruction la crainte que le bruit de la saisie ne glaçât la bonne volonté des personnes qui trouveraient quelque chose de louable dans mon livre. Et M. le juge (Charles Camusat Busserolles) me répondit :
Monsieur, tout le monde a parfaitement le DROIT de vous défendre dans TOUS les journaux sans exception.
MM. les directeurs de la *Revue française* n'ont pas osé publier l'article de M. Charles Asselineau, le plus sage et le plus modéré des écrivains. Ces messieurs se sont renseignés au ministère de l'Intérieur (!) et il leur a été répondu qu'il y aurait pour eux danger à publier cet article.
Ainsi, abus de pouvoir et entraves apportées à la défense !
Le nouveau règne napoléonien, après les illustrations de la guerre, doit rechercher les illustrations des lettres et des arts.
Qu'est-ce que c'est que cette morale prude, bégueule, taquine, et qui ne tend à rien moins [*sic*] qu'à créer des conspirateurs dans l'ordre si tranquille des rêveurs ?
Cette morale là irait jusqu'à dire : DÉSORMAIS ON NE FERA QUE DES LIVRES CONSOLANTS ET SERVANT À DÉMONTRER QUE L'HOMME EST NÉ BON, ET QUE TOUS LES HOMMES SONT HEUREUX. — ABOMINABLE HYPOCRISIE !
(Voir le résumé de mon interrogatoire, et la liste des morceaux incriminés).

II. LE BEAU EST TOUJOURS BIZARRE

Ce texte est extrait d'un article de critique d'art, publié sous le nom d'« Exposition universelle 1855 ». Il parut dans *Le Pays* et *Le Portefeuille* entre mai et juin 1855. Ce passage fort célèbre peut être considéré comme le manifeste théorique des *Fleurs du Mal.*

Le beau est toujours bizarre. Je ne veux pas dire qu'il soit volontairement, froidement bizarre, car dans ce cas il serait un monstre sorti des rails de la vie. Je dis qu'il contient toujours un peu de bizarrerie, de bizarrerie naïve, non voulue, inconsciente, et que c'est cette bizarrerie qui le fait être particulièrement le Beau. C'est son immatriculation, sa caractéristique. Renversez la proposition et tâchez de concevoir un *beau banal* ! Or, comment cette bizarrerie, nécessaire, incompréhensible, variée à l'infinie, descendante des milieux, des climats, des mœurs, de la race, de la religion et du tempérament de l'artiste pourra-t-elle jamais être gouvernée, amendée, redressée par les règles utopiques conçues dans un petit temple scientifique quelconque de la planète, sans danger de mort pour l'art lui-même ? Cette dose de bizarrerie qui constitue et définit l'individualité, sans laquelle il n'y a pas de beau, joue dans l'art (que l'exactitude de cette comparaison en fasse pardonner la trivialité) le rôle du goût ou de l'assaisonnement dans les mets, les mets ne différant les uns des autres, abstraction faite de leur utilité ou de la quantité de substance nutritive qu'ils contiennent, que par *l'idée* qu'ils révèlent à la langue.

III. LA MODERNITÉ

Ce passage est extrait d'un essai intitulé « Le peintre de la vie moderne », que Baudelaire consacra à l'illustrateur Constantin Guys. Il parut en novembre et décembre 1863 dans *Le Figaro*. Il y définit la modernité artistique comme résolument ambivalente, composée de deux éléments indispensables : le fugitif et l'immuable. Les premières lignes sont aussi une excellente définition du rôle de l'artiste.

Ainsi il va, il court, il cherche. Que cherche-t-il ? À coup sûr, cet homme, tel que je l'ai dépeint, ce solitaire doué d'une imagination active, toujours voyageant à travers *le grand désert d'hommes*, a un but plus élevé que celui d'un pur flâneur, un but plus général, autre que le plaisir fugitif de la circonstance. Il cherche ce quelque chose qu'on nous permettra d'appeler la *modernité* ; car il ne se présente pas de meilleur mot pour exprimer l'idée en question. Il s'agit, pour lui, de dégager de la mode ce qu'elle peut contenir de poétique dans l'historique, de tirer l'éternel du transitoire. [...] La modernité, c'est le transitoire, le fugitif, le contingent, la moitié de l'art, dont l'autre moitié est l'éternel et l'immuable. Il y a eu une modernité pour chaque peintre ancien ; la plupart des beaux portraits qui nous restent des temps antérieurs sont revêtus des costumes de leur époque. Ils sont parfaitement harmonieux, parce que le costume, la coiffure et même le geste, le regard et le sourire (chaque époque a son port, son regard et son sourire) forment un tout d'une complète vitalité. Cet élément transitoire, fugitif, dont les métamorphoses sont si fréquentes, vous n'avez pas le droit de le mépriser ou de vous en passer. En le supprimant, vous tombez forcément dans le vide d'une beauté abstraite et indéfinissable, comme celle de l'unique femme avant le premier péché. [...] En un mot, pour que toute *modernité* soit digne de devenir antiquité, il faut que la beauté mystérieuse que la vie humaine y met involontairement en ait été extraite.

IV. BAUDELAIRE VU PAR SES CONTEMPORAINS

Voici le passage d'une lettre que Flaubert, le grand romancier, l'auteur de *Madame Bovary* (1856), adressa à Baudelaire le 13 juillet 1857. Les deux hommes de lettres ont en commun d'avoir subi les foudres de la justice napoléonienne, mais ils partagent surtout, l'un dans le domaine du roman, l'autre dans celui de la poésie, une esthétique novatrice.

Vous avez trouvé le moyen de rajeunir le romantisme. Vous ne ressemblez à personne (ce qui est la première de toutes les qualités). L'originalité du style découle de la conception. La phrase est toute bourrée par l'idée, à en craquer.

J'aime votre âpreté, avec ses délicatesses de langage qui la font valoir, comme des damasquinures sur une lame fine. [...]

En résumé, ce qui me plaît avant tout dans votre livre, c'est que l'art y prédomine. Et puis vous chantez la chair sans l'aimer, d'une façon triste et détachée qui m'est sympathique. Vous êtes résistant comme le marbre et pénétrant comme un brouillard d'Angleterre.

Ce second texte de Verlaine, poète symboliste et grand admirateur de Baudelaire, est un prodigieux hommage rendu à l'auteur des *Fleurs du Mal*. (*L'Art*, 16 novembre 1865)

La profonde originalité de Charles Baudelaire, c'est, à mon sens, de représenter puissamment et essentiellement l'homme moderne [...]. Je n'entends ici que l'homme physique moderne, tel que l'ont fait les raffinements d'une civilisation excessive, l'homme moderne, avec ses sens aiguisés et vibrants, son esprit douloureusement subtil, son cerveau saturé de tabac, son sang brûlé d'alcool, en un mot, le *bilio-nerveux* par excellence ; comme dirait H. Taine. Cette individualité de sensitive, pour ainsi parler, Charles Baudelaire, je le répète, la représente à l'état de type, de *héros*, si vous voulez bien. Nulle part, pas même chez H. Heine, vous ne la retrouverez si fortement accentuée que dans certains passages des *Fleurs du Mal*. Aussi, selon moi, l'historien futur de notre époque devra, pour ne pas être incomplet, feuilleter attentivement et religieusement ce livre qui est la quintessence, et comme la concentration extrême de tout un élément de ce siècle.

BIBLIOGRAPHIE

1. Éditions des Fleurs du Mal

Œuvres complètes (tome 1), édition de Claude Pichois, Bibliothèque de la Pléiade, Gallimard, 1975.

Œuvres complètes, édition de Marcel A. Ruff, L'Intégrale, Le Seuil, 1968.

Les Fleurs du Mal, édition établie par Antoine Adam, Classiques Garnier.

Les Fleurs du Mal, édition annotée par Jean Delabroy, Magnard, 1986.

2. Baudelaire jugé par des critiques

A. Contextes

PIA Pascal, *Baudelaire par lui-même*, Le Seuil, 1952.

PICHOIS Claude et ZIEGLER Jean, *Baudelaire*, Julliard, 1987.

RINCÉ Dominique, *La Poésie française du XIXᵉ siècle*, Que sais-je ? n° 1695, PUF, 1977.

Baudelaire et la modernité poétique, Que sais-je ? n° 2156, PUF, 1984.

SARTRE Jean-Paul, *Baudelaire*, Gallimard, 1947.

B. Poétique et esthétique

EIGELDINGER Marc, *Le Platonisme de Baudelaire*, La Baconnière, 1951.

FRIEDRICH Hugo, « Baudelaire, le poète de la modernité » in *Structures de la poésie moderne*, Denoël-Gonthier, 1976.

POMMIER Jean, *Autour de l'édition originale des* Fleurs du Mal, Slatkine, Genève, 1968.

RICHARD Jean-Pierre, « Profondeur de Baudelaire » in *Poésie et Profondeur*, Le Seuil, 1955.

RUFF Marcel A., *L'Esprit du mal et l'esthétique baudelairienne*, Armand Colin, 1955.

STAROBINSKI Jean, *La Mélancolie au miroir*, Julliard, 1989.

C. Études thématiques

MORA Édith, « Baudelaire et la femme » in *Journées Baudelaire - Actes du colloque*, Académie royale de langue et de littérature française, Bruxelles, 1968.

JACKSON John E., *La Mort Baudelaire*, La Baconnière, 1982.

3. Baudelaire jugé par des poètes

BONNEFOY Yves, « Les Fleurs du Mal » in *L'Improbable et autres essais*, Mercure de France, 1980.

JOUVE Pierre Jean, *Tombeau de Baudelaire*, Le Seuil, 1958.

LAFORGUE Jules, « Notes sur Baudelaire » in *Mélanges posthumes*, Mercure de France, 1909.

PROUST Marcel, « À propos de Baudelaire » (1921) in *Chroniques*, Gallimard, 1927.

VALÉRY Paul, « Situation de Baudelaire » in *Variété II*, Gallimard, 1930.

GLOSSAIRE

I. NOMS PROPRES

APOLLINAIRE Guillaume (1880-1918) : de son vrai nom Wilhelm Apollinaris de Kostrowitzky. Poète français, dont les recueils *Alcools* (1913) et *Calligrammes* (1918) annoncent le surréalisme.

ASSELINEAU Charles (1821-1874) : critique littéraire français, fidèle ami de Baudelaire depuis leur rencontre en 1845.

BANVILLE (de) Théodore (1823-1891) : poète français, membre du Parnasse contemporain, auteur des *Odes funambulesques* (1857).

BARBEY D'AUREVILLY Jules (1808-1889) : écrivain français, romancier, critique littéraire et apôtre du dandysme. Il est notamment l'auteur des *Diaboliques*, recueil de nouvelles paru en 1874.

BÉRANGER (de) Pierre Jean (1780-1857) : chansonnier français très populaire à l'époque napoléonienne.

Dante Alighieri, dit **Dante** (1265-1321) : écrivain italien, auteur de la *Divine comédie*, dont l'héroïne est Béatrice. Célèbre pour ses descriptions de l'Enfer.

FICIN Marsile (1433-1499) : Philosophe et humaniste italien, maître du renouveau néo-platonicien de la Renaissance. Auteur d'une *Théologie platonicienne*.

HIPPOCRATE (460-377 av. J.-C.) : le plus célèbre médecin de l'Antiquité, dont la théorie maîtresse est celle des humeurs de l'organisme.

HUYSMANS Joris-Karl (1848-1907) : écrivain français d'origine flamande d'abord naturaliste, puis décadent et enfin chrétien. Auteur du roman *À Rebours* (1884).

Jeunes-France : titre d'un recueil de récits caricaturaux de Théophile Gautier paru en 1833. Nom donné dans les années 1830 à un groupe d'écrivains et d'artistes qui exagéraient les théories romantiques et que Baudelaire fréquenta un temps.

LAFORGUE Jules (1860-1887) : poète français (*Les Complaintes*, 1885), également auteur de contes en prose (*Les Moralités légendaires*, 1887). Il est un des inventeurs du vers libre.

MORTIMER John-Hamilton (1741-1779) : peintre anglais qui cultivait dans ses œuvres l'étrange, le fantastique et l'horrible.

PÉTRARQUE (1304-1374) : poète et humaniste italien, auteur du *Canzoniere*, recueil écrit en l'honneur de Laure de Noves.

SAINTE-BEUVE Charles Augustin (1804-1869) : écrivain romantique, surtout connu pour ses ouvrages de critique littéraire (*Port-Royal*, 1840-1859).

VÉSALE André (1515-1565) : anatomiste flamand, un des premiers à pratiquer la dissection des corps humains.

VILLIERS DE L'ISLE-ADAM Auguste (1838-1889) : écrivain français symboliste, romancier (*Isis* 1862), dramaturge (*La Révolte* 1870), surtout connu pour ses *Contes Cruels* (1883).

II. NOMS COMMUNS

Allégorie : représentation d'une idée abstraite par une métaphore développée, qui a souvent recours à la personnification.

Allitération : répétition d'une consonne identique.

Anaphore : répétition du même mot, ou groupe de mots, en tête de vers ou de phrase.

Antépiphore : répétition du même vers au début et à la fin d'une strophe.

Avatar : transformation, métamorphose.

Boulimie : appétit excessif ; activité frénétique.

Chiasme : procédé qui consiste à placer deux groupes de mots antithétiques dans un ordre inversement symétrique.

Climax : point culminant.

Correspondances : chez Baudelaire, il existe deux types de correspondances : les correspondances horizontales, appelées également synesthésies* et les correspondances verticales qui permettent d'appréhender dans le réel une réalité cachée, supérieure.

Démiurge : créateur d'un monde.

Dialectique : se dit d'un raisonnement qui met en évidence des contradictions, pour mieux les dépasser.

Dichotomie : opposition d'éléments complémentaires.

Didactique : qui vise à instruire agréablement, qui se rapporte à l'enseignement.

Éclectisme : attitude intellectuelle ou esthétique qui consiste à s'intéresser à tous les domaines, à tous les sujets.

Emphatique : solennel, pompeux.

Éponyme : personnage qui donne son nom à quelqu'un ou quelque chose.

Exutoire : dérivatif, moyen de se détourner de quelque chose de pénible ou d'embarrassant.

Féerie : pièce de théâtre qui met en scène des personnages surnaturels.

Frontispice : titre placé sur la première page d'un livre.

Gothique : nom donné à un courant littéraire né à la fin du XVIIIe siècle en Angleterre, dont les représentants les plus célèbres sont Horace

Walpole et Ann Radcliffe. La littérature gothique est à l'origine du « roman noir », qui privilégie suspens et fantastique.

Grotesque : se dit d'une figure outrée, caricaturale.

Iconoclaste : hostile aux traditions ; novateur.

Métaphore filée : dans un poème, métaphore qui se poursuit sur plusieurs vers.

Mystique : qui évoque une croyance cachée, un univers sacré.

Néo-platonisme : système philosophique né à Alexandrie au IIIe siècle, qui renouvelle le système platonicien en lui associant des éléments mystiques. Le néo-platonisme connut un second âge d'or pendant la Renaissance, grâce aux travaux de Marsile Ficin*.

Onirique : qui évoque le rêve, qui s'y rapporte.

Oxymore : figure de style qui associe deux mots apparemment contradictoires.

Pantoum : poème composé de quatrains à rimes croisées, dans lesquels le deuxième et le quatrième vers sont repris par le premier et le troisième vers de la strophe suivante.

Péremptoire : se dit d'un ton catégorique, tranchant.

Prosodie : ensemble des règles de versification d'un poème.

Pudibonderie : pudeur excessive.

Réminiscence : retour, souvent fortuit, d'un souvenir, et qui n'est pas perçu comme tel.

Rémission : pardon (langage chrétien).

Symbolistes : partisans du symbolisme, mouvement poétique des années 1880, inspiré par la théorie des correspondances baudelairiennes. Ses principaux représentants sont Rimbaud, Verlaine et Mallarmé.

Synecdoque : figure de style qui consiste à désigner la matière pour l'objet, l'espèce pour le genre, la partie pour le tout, etc.

Synesthésie : association insolite de sensations différentes (visuelles/auditives, par exemple).

Syntagme : groupe de mots

Trivial : qui désigne des réalités basses, communes, vulgaires.

INDEX DES NOMS PROPRES

A

ANCELLE, 12
APOLLINAIRE Guillaume, 33, 67, 83, 91
ASSELINEAU Charles, 17, 87, 91
AUTARD DE BRAGARD, 24
AUPICK (le Général), 11, 12

B

BABOU Hyppolite, 25
BALZAC (de) Honoré, 21, 23, 26, 33, 45, 86
BARBEY D'AUREVILLY Jules, 8, 17, 26, 91
BOURDIN Gustave, 16

C

CAMUSAT Charles, 17, 87
CHAIX D'EST-ANGE Gustave, 17, 18
CHATEAUBRIAND, 20, 22, 50

D

DAUBRUN Marie, 13, 28, 40, 60, 63
DU BELLAY, 50
DULAMON Frédéric, 17
DUVAL Jeanne, 11, 13, 28, 39, 49

F

FLAUBERT Gustave, 8, 16, 23, 89

G

GAUTIER Théophile, 8, 15, 18, 22, 23, 30, 41, 44, 45, 71, 91

H

HUGO Victor, 3, 5, 8, 20, 21, 22, 24, 31, 54, 62, 64, 66, 69, 74, 76, 79
HUYSMANS Joris-Karl, 70, 91

L

LAFORGUE Jules, 8, 15, 30, 32, 33, 34, 67, 90

LAUTRÉAMONT, 5, 15, 76
LECONTE DE LISLE, 17, 20, 22, 23
LÉVY Michel, 13, 24

M

MALLARMÉ Stéphane, 3, 8, 22, 29, 92
MÉRIMÉE Prosper, 21
MUSSET, 18, 21, 22

N

NERVAL (de) Gérard, 22

P

PÉTRARQUE, 39, 50, 91
PINARD, 17, 18
POE Edgar Allan, 6, 12, 13, 23, 25, 30, 36, 83
POULET-MALASSIS Auguste, 12, 17, 18, 19, 25

R

RIMBAUD Arthur, 3, 5, 8, 9, 15, 29, 33, 67, 74, 75, 76, 77, 78, 79, 80, 81, 92
RONSARD, 31, 35, 50

S

SABATIER Apollonie, 13, 28, 40, 41, 54
SAINTE-BEUVE Charles, 17, 21, 91
SAPPHO, 24
SARA, 11, 13, 41
STENDHAL, 35

T

THIERRY Édouard, 16, 17

V

VERLAINE Paul, 8, 15, 22, 76, 89, 92
VIGNY, 21, 22, 27
VILLIERS DE L'ISLE-ADAM Auguste, 70, 91

INDEX DES POÈMES CITÉS

A

L'albatros [2], 14, 81, 83
L'aube spirituelle [46], 42, 54
Au lecteur, 25, 27

B

Le balcon [36], 56, 61
Le beau navire [52], 18, 33, 38, 80, 82, 83
La Beauté [17], 43, 50, 53
Bénédiction [1], 14, 18, 27, 38, 40, 52, 64
Les bijoux, 18, 19
Bohémiens en voyage [13], 83

C

Chant d'automne [56], 40
Une charogne [29], 35, 44, 45, 46, 47, 70
Le chat [34], 37
La chevelure [23], 56, 82, 83
Confession [45], 35
Correspondances [4], 56, 79
Le crépuscule du soir [95], 7, 33
Le cygne [89], 9, 14, 31, 33, 35, 40, 64, 66, 68, 69, 70, 83

D

Danse macabre [97], 43, 44, 45, 47
De profundis clamavi [30], 36
Les deux bonnes sœurs [112], 28, 43
Don Juan aux enfers [15], 31, 37

E

Élévation [3], 36, 58
L'ennemi [10], 60, 61
Épigraphe pour un livre condamné, 19, 85

F

Un fantôme [38], 63
Femmes damnées [111], 18, 19, 40
Le flacon [48], 31

Le flambeau vivant [43], 42
La fontaine de sang [113], 58
Franciscæ meæ laudes [60], 41

G

Une gravure fantastique [71], 44, 45
Le guignon [11], 31

H

Harmonie du soir [47], 30, 53, 54, 55, 56, 57, 58
L'Héautontimorouménos [83], 62
L'homme et la mer [14], 36, 82, 83
Horreur sympathique [82], 83
Hymne à la Beauté [21], 31, 38, 43, 50, 53

I

L'idéal [18], 38, 40
L'invitation au voyage [53], 7, 13, 30, 38, 40, 52, 60, 70, 82, 83
L'irrémédiable [84], 60, 77, 79
L'irréparable [54], 58, 60, 62, 63, 64

J

Je te donne ces vers… [39], 43, 49
Le jeu [96], 40

L

Le Léthé, 18, 19
Les litanies de Satan [120], 18
Lesbos, 18, 19, 86

M

Une martyre [110], 28, 33, 43, 44, 45
Le masque [20], 31, 38
Les métamorphoses du vampire, 18, 19
Mœsta et errabunda [62], 40, 61, 82, 84
La mort des amants [121], 41, 46, 70, 71, 72, 73, 74
La mort des artistes [123], 46, 74
La mort des pauvres [122], 46

Le mort joyeux [72], 44
La muse malade [7], 29
La musique [69], 30, 82

O

Obsession [79], 83

P

Parfum exotique [22], 38, 39, 83
Les petites vieilles [91], 32, 40, 58, 67
La pipe [68], 43
Le poison [49], 42

R

Remords posthume [33], 35, 60, 61, 79
Le reniement de saint Pierre [118], 18, 86
Le rêve d'un curieux [125], 47, 62
Rêve parisien [102], 33
Réversibilité [44], 61

S

Sed non satiata [26], 18, 37, 42, 83
Le serpent qui danse [28], 38, 40, 82, 83

La servante au grand cœur dont vous étiez jalouse… [100], 40
Sisina [59], 40
Spleen [75-78], 14, 28, 31, 32, 34, 35, 48
Le squelette laboureur [94], 44, 45, 46, 47

T

Les ténèbres [38/1], 63
Le tonneau de la haine [73], 36
Tristesses de la lune [65], 43
Tu mettrais l'univers entier dans ta ruelle… [25], 41

V

Le vampire [31], 41, 52
La vie antérieure [12], 38
Le vin de l'assassin [106], 18
Le vin des amants [108], 40, 84
Le voyage [126], 38, 47, 81, 83, 84
Un voyage à Cythère [116], 28, 31, 44, 47, 68, 70, 77, 82, 83

N.B : les numéros figurant entre crochets correspondent aux numéros des poèmes, selon l'ordre établi dans la seconde édition de 1861, repris dans la plupart des éditions actuelles.

Imprimé en France
par MAME Imprimeurs à Tours
Dépôt légal Septembre 1997 (N° 97090074)

TABLE DES MATIÈRES

Préface 3

INTRODUCTION 5

Les Fleurs du Mal, point focal de l'œuvre 5

Les Fleurs du mal, œuvre phare de la littérature 7

L'ŒUVRE ET SES CONTEXTES 11

   I. Les contextes 11

      A. Baudelaire, poète maudit ? 11

      B. Le Second Empire et la censure 15

      C. Le contexte littéraire et poétique 20

   II. L'architecture du recueil 24

      A. Une lente gestation 24

      B. Une architecture secrète 26

   III. Études thématiques 29

      A. Tradition et modernité 29

      B. Le spleen 34

      C. La femme 39

      D. La mort 43

L'ŒUVRE À L'EXAMEN 49

   Lectures méthodiques 49

      A. « Je te donne ces vers… » (39) 49

      B. « Harmonie du soir » (47) 53

      C. « L'irréparable » (54) – Étude des strophes 6 à 10 58

      D. « Le cygne » (89) – Étude de la seconde partie (v. 29-52) 64

      E. « La mort des amants » (121) 70

      F. Questions pour l'entretien 74

   Dissertations littéraires 74

      A. Baudelaire jugé par Rimbaud 74

      B. « Le voyage » 81

      C. Autres sujets de dissertation possibles 84

ANNEXES 86

BIBLIOGRAPHIE 90

GLOSSAIRE 91

INDEX DES NOMS PROPRES 93

INDEX DES POÈMES CITÉS 94